AF569763

BEN KINDLER

JAHRESZEITEN KÜCHE

BEN KINDLER

JAHRESZEITEN KÜCHE

EINFACH
SCHNELL
GÜNSTIG

südwest

INHALT

LIEBE LESER:INNEN,

kennt ihr das auch? Diese Nostalgie, wenn man auf den eigenen Weg zurückschaut und sich fragt, wann und wie alles begann? Warum man da ist, wo man ist?

Bei der Entstehung dieses Kochbuches habe ich mir diese Fragen oft gestellt. Was hat mich geprägt? Warum tue ich das, was ich heute täglich tue – mit dieser Leidenschaft – und wie kann ich Menschen in meiner Begeisterung mitnehmen?

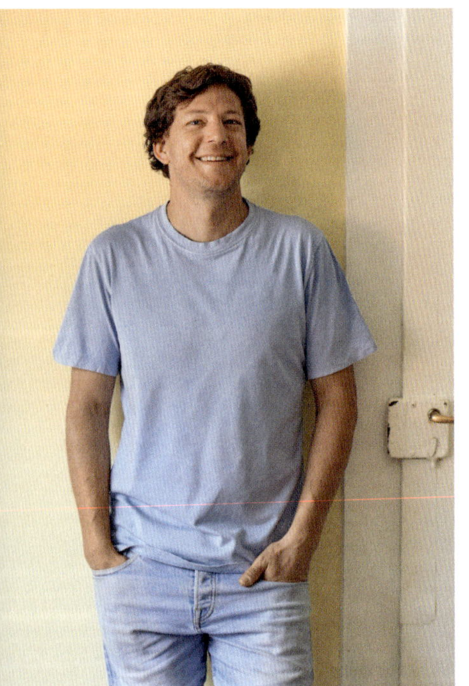

Während ich diese Zeilen schreibe und auf meine Kindheit zurückblicke, muss ich schmunzeln. Denn mit dem Abstand vieler Jahre und dem Blick des erwachsenen Mannes und Vaters fühlt es sich ein wenig an wie ein süddeutsches Bullerbü-Leben. Eine Kindheit in der Natur mit Streifzügen durch die schönen dunklen Wälder, über satte Blumenwiesen und über duftende Heuböden.

Es scheint in der Natur der Sache zu liegen, dass man irgendwann mit diesem leicht verklärten Blick zurücksieht und dankbar ist, ganz bestimmte Privilegien genossen zu haben. Damit meine ich nicht Reichtum oder Luxus. Nein, ich meine Bodenhaftung, Naturnähe und ein tiefes Verständnis für Lebenskreisläufe. Und Genuss.

Ich bin schon so lange ein leidenschaftlicher Koch, im Grunde seit ich denken kann. Bereits ganz früh habe ich angefangen, mich mit Lebensmitteln und vor allem guten Produkten zu beschäftigen. Wie sollte es anders sein – es wurde mir in die Wiege gelegt: Von meiner Großmutter, die ich immer noch vor mir sehe. Mit ihrer Schürze, patent, handfest, pragmatisch, wenn sie uns etwas Gutes gekocht hat. Und von meiner Mutter, die die Liebe zu gutem Essen und die Wertschätzung für gute Produkte an mich weitergegeben hat.

Der Garten mit seinen Gemüsen, seinem Obst und seinen Kräutern war eine stetige Quelle. Ganz selbstverständlich wurde aus ihm geschöpft. Marmeladen wurden gekocht und es wurde eingeweckt – was immer die Natur uns bot. Klingt nach Bilderbuch, aber es war so und ich bin bis heute sehr dankbar, auf diese Weise geprägt worden zu sein. Denn mit Oma in der Küche – diesem wunderbaren Bild – war für mich klar ... ich werde Koch.

Und mehr als das. Ich wollte auch noch einen Bauernhof betreiben und das Gasthaus dazu. Ambitionierte Pläne für einen kleinen Jungen, aber nachvollziehbar, wenn man bedenkt, was ich den ganzen Tag so getrieben habe. Nach der Schule bin ich auf einem der umliegenden Bauernhöfe abgetaucht, habe Kuhnamen auswendig gelernt, frische Milch direkt von der Kuh getrunken, bin Traktor gefahren, habe auf hohen Leitern dicke Kirschen geerntet (und dabei immer zu viel genascht),

Heu gemacht und im Wald allein auf Hochständen gesessen, um den Atem des Waldes aufzusaugen. Das nenne ich Prägung.

Aus dem Bauernhof ist nichts geworden. Zu wenig Zeit. Ich habe zwar auf vielen Höfen mit angepackt, im Winter Feldsalat geerntet, auf dem Boden hockend tonnenweise Brechbohnen gepflückt oder Rote Beten aus dem Matsch gezogen. Aber mein Weg war ein anderer. Geblieben ist jedoch diese tiefe Nähe zur Natur. Das Gespür für ihren Takt und ihren Reichtum. Und die Liebe zum Kochen, der ich heute in meiner Kochschule nachgehe. Dort kann ich genau das tun, was schon immer in meiner Familie gelungen ist – andere zu begeistern für Genuss und gutes Essen.

Ich finde diese verinnerlichte Haltung extrem wichtig – die Wertschätzung für das, was wir essen und woher es kommt. Gute Produkte sind das A und O. Das mag vielleicht abgedroschen klingen, aber man kann es nicht oft genug wiederholen. Das, was wir essen, füttert unseren Motor, unseren Körper. Wir sollten ihn und uns selbst wertschätzen, und uns Gutes tun. Das ist gar nicht schwer und – entgegen dem weitverbreiteten Irrglauben – auch nicht teuer.

Unsere Natur, die direkt vor unserer Tür liegt, bietet so viel Reichtum, der gesund und preiswert ist. Die Jahreszeiten offenbaren uns im Wechsel wunderbare Obst- und Gemüsesorten, die auf dem Markt oder direkt beim Bauern erhältlich und nicht teuer sind.

Diesen Rhythmus nehme ich an und richte mich danach – jeden Tag in meiner Kochschule und ich erzähle davon: Ein schöner Kreislauf, aus dem wir schöpfen können und der es uns ermöglicht, uns gesund und genussvoll zu ernähren.

Man braucht keine Edelprodukte (was natürlich auch mal schön ist, keine Frage). Was man aber braucht, sind Produkte, die in ihrer eigenen Aromatik wirken, wie zum Beispiel die viel zitierte richtig gute Tomate, denn nur damit erhält man die beste Pastasauce. Dafür braucht man nichts einfliegen zu lassen, sondern nur zur Tomatenzeit auf den Markt zu gehen. Ihr werdet sehen – alles hat seine Zeit. Der Pilz oder der Kürbis im Herbst, der Spargel im Frühjahr, die Beeren im Sommer.

Mit diesem Buch möchte ich euch begeistern – für den Kreislauf der Natur; für einen achtsamen Umgang mit ihren Ressourcen; für ein bewusstes und gesundes Leben ohne Dogma; für schnelle, leicht nachzukochende und leckere Gerichte; für die Schönheit und Vielfalt, die in allem liegt und die sich in den wunderbaren Bildern meines Fotografen Joss widerspiegelt; für Fantasie, Farben und Aromen.

Wenn ihr zu Hause meine Gerichte nachkocht, für euch, eure Familien, eure Freund:innen, ist es das größte Kompliment für mich. Und wenn ihr mit offenen, wertschätzenden Augen auf den Markt geht, schnuppert, atmet und fühlt, wie einfach es ist, meine Rezepte zu kochen – dann habe ich meinen Job gut gemacht.

In diesem Sinne wünsche ich euch ganz viel Freude, Genuss, Eintauchen, Kennenlernen und natürlich einen guten Appetit!

Euer

BASICS

HANDWERK IN DER KÜCHE

Das richtige Küchenwerkzeug bestimmt maßgeblich die Freude am Kochen. Schlechte Töpfe oder eine billige Pfanne erschweren die Zubereitung genauso wie ein schlechtes Messer. Abgesehen davon, dass ein stumpfes und billiges Messer schlicht gefährlich ist. Ich gebe zu, auch mit einem teuren handgefertigten Messer kann man sich verletzen – jeder Koch kennt das – aber man muss es nicht provozieren. Gutes Arbeitsgerät ist nun mal ein wichtiges Küchenzubehör – welcher ambitionierter Programmierer stellt sich schon einen alten C64 hin? Insofern empfehle ich, in vernünftige Qualität zu investieren. Ich liebe gusseisernes Kochgeschirr (hält ewig und drei Tage) und ein richtig schwerer Mörser ist für mich bei vielen Rezepten unverzichtbar. Neben guten, scharf geschliffenen Messern ist ein guter Gemüseschäler ein wertvolles Werkzeug.

Das gilt auch für die Basiszutaten, die wie ein Baukasten zur Verfügung stehen sollten. Unverzichtbar für mich sind Salzflocken, frischer Pfeffer, hochwertiges Olivenöl, Biohonig, Biozitronen und eine gute regionale Butter. Man braucht keine gefühlten 1000 Gewürze oder Mischungen, die richtigen Basics ermöglichen schon recht viel.

KÜCHENWERKZEUG

DIESE UTENSILIEN HABE ICH IMMER ZUR HAND:

(VON LINKS NACH RECHTS)

- Pfanne aus Gusseisen
- Kochlöffel aus Holz
- Bratpinzette
- Pfeffermühle
- Drahtkelle
- Messbecher
- Schöpfkelle
- Messerschärfer
- feine Reibe
- Kochtopf aus Gusseisen
- Mörser und Stößel aus Granit
- verschiedene Edelstahlschüsseln
- Schneidebrett
- Gemüseschäler
- Schneebesen
- Teigschaber
- Schälmesser
- Kochmesser

SALZ

DIESE SALZE VERWENDE ICH:

(VON OBEN NACH UNTEN)

- geräucherte Meersalzflocken
- feines Meersalz
- Meersalzflocken, z.B. Isländische Salzflocken, Maldon Sea Salt, Fleur de Sel

Oft werde ich gefragt, welche Salze ich in meiner Küche verwende. Während mittlerweile unzählige Salzsorten „in" sind, beschränke ich mich auf drei verschiedene Salze. Feines Meersalz verwende ich zum Kochen für die Grundwürze und für das Pastawasser.

Zum Verfeinern meiner Gerichte nehme ich gerne Salzflocken. Diese gibt es in unterschiedlichen Versionen, sie sind meist milder im Geschmack als herkömmliches Salz. Ich verwende gerne Isländische Salzflocken, mal naturbelassen, mal geräuchert. Die feinen Kristalle gebe ich als Finisher kurz vor dem Servieren über das Gericht.

DIE WICHTIGSTEN ZUTATEN

DIES SIND MEINE »MUST-HAVES«:

(VON LINKS NACH RECHTS)

- Aceto balsamico di Modena
- Olivenöl
- Biolimette
- Biohonig
- Biozitrone
- Tahini (Sesampaste)
- Bioorange
- Butterwürfel

Diese Zutaten verwende ich, um einem Gericht einen besonderen Kick, einen letzten Schliff zu verleihen. So kann man jedem Essen mit Geschmacksträgern wie Butter und Öl, oder auch mit ein wenig Säure oder Süße eine ganz besondere Note verleihen.

LIEBLINGSGEWÜRZE

DIESE GEWÜRZE STEHEN DIREKT NEBEN MEINEM HERD:

(VON LINKS NACH RECHTS UND VON OBEN NACH UNTEN)

- Za'tar
- Kreuzkümmel
- Piment d'Espelette
- schwarzer Pfeffer (Tellicherry)
- gemahlene Chilischote
- Kokosblütenzucker
- Paprikapulver edelsüß
- Currypulver
- Koriandersamen
- Sesam
- weißer (Urwald)-Pfeffer
- italienische Kräutermischung

Diese kleine aber feine Auswahl an Gewürzen ist meine Grundausstattung. Meiner Meinung nach braucht man kein großes Gewürzregal. Mit wenigen Gewürzen kann man Klassiker in der Küche oder auch eigene Kreationen raffiniert würzen.

PERFEKT GEKOCHTE PASTA

300 G NUDELN ALS HAUPTGERICHT
160 G NUDELN ALS VORSPEISE ODER KLEINES GERICHT
FÜR 2 PERSONEN

Grundsätzlich gilt ein ganz wichtiges Gesetz, das unbedingt eingehalten werden sollte: Gekaufte Nudeln werden immer 2 Minuten kürzer gekocht, als auf der Packung angegeben ist. Nudeln koche ich immer in reichlich Wasser. Das Salz wird erst zugegeben, wenn das Wasser sprudelt, pro Liter etwa 10 g Salz, sonst schmeckt die Pasta langweilig. Bevor die Nudeln abgegossen werden, stelle ich etwa 100 ml Kochwasser beiseite, um später die Sauce damit abzubinden. Die Nudeln über ein Sieb abgießen und etwa 5 mm hoch Kochwasser im Topf zurückbehalten. Eine Butterflocke sowie einen Esslöffel Olivenöl zugeben und aufkochen, damit eine sämige Mischung entsteht. Nun den Herd ausschalten, die gekochten Nudeln in die Buttermischung geben und alles mit einem Holzlöffel kräftig durchrühren. Nun den Deckel auflegen und die Nudeln warm halten oder direkt in die Sauce geben. Wenn du dies beherzigst, hast du immer perfekt gekochte Pasta auf dem Tisch.

REIS

Ein leckeres Gericht wird oft von perfekt gegartem, körnigem und duftendem Reis gekrönt. Der Reis kann aber auch die Hauptrolle spielen. Umso wichtiger ist es, dass du je nach Sorte darauf achtest, wie er gegart wird, um in den vollen Genuss zu kommen. Nicht umsonst sagt man in Asien, dass ein Gericht nur dann gelungen ist, wenn der Reis richtig gekocht wurde. Die Angaben sind jeweils für 2 Personen.

Jasminreis

- 200 g Jasminreis
- 400 ml Wasser

Den Reis in einem Topf oder Sieb in kreisenden Bewegungen mehrmals gut durchwaschen, bis das Wasser nicht mehr trüb ist. 400 ml Wasser zum Kochen bringen. Den Reis hineingeben und 5 Minuten unter Rühren köcheln lassen, bis das Wasser nicht mehr zu sehen ist. Dann den Herd ausschalten und den Reis 20 Minuten zugedeckt ziehen lassen.

Schwarzer Reis

- 120 g Schwarzer Reis
- 300 ml Wasser
- 1 große Prise Salz

Den Reis in einem Topf oder Sieb in kreisenden Bewegungen mehrmals gut durchwaschen, bis das Wasser nicht mehr trüb ist. 300 ml Wasser in einen Topf gießen, den Reis hineingeben und 10 Minuten einweichen. Das Salz zufügen und das Wasser nun auf dem Herd mit geschlossenem Deckel einmal aufkochen. Dann den Reis bei mittlerer Hitze etwa 35 Minuten sanft köcheln lassen.

Basmatireis

- 200 g Basmatireis
- 340 ml Wasser
- ¼ TL Salz

Den Reis in einem Topf oder Sieb in kreisenden Bewegungen mehrmals gut durchwaschen, bis das Wasser nicht mehr trüb ist. 340 ml Wasser in einen Topf gießen, den Reis hineingeben und 10 Minuten einweichen. Das Salz zufügen und das Wasser nun auf dem Herd mit geschlossenem Deckel einmal aufkochen, anschließend den Reis bei mittlerer Hitze etwa 15 Minuten kochen und von der Herdplatte nehmen.

Vollkorn-Basmatireis

- 200 g Vollkorn-Basmatireis
- 500 ml Wasser
- ¼ TL Salz

Den Reis in einem Topf oder Sieb in kreisenden Bewegungen zweimal gut durchwaschen und das Wasser abgießen. 500 ml Wasser in einen Topf gießen, den Reis hineingeben und 10 Minuten ohne Hitze quellen lassen. Das Salz zufügen und das Wasser auf dem Herd zum Kochen bringen, anschließend den Reis mit geschlossenem Deckel etwa 40 Minuten sanft köcheln lassen.

Klebreis

- 250 g Klebreis
- 375 ml Wasser
- 1 Prise Salz

Den Klebreis mindestens 4 Stunden in kaltem Wasser einweichen. Anschließend das Wasser abgießen. Den Reis in einem Bambuskorb oder einem Sieb mit Tuch etwa 20 Minuten dämpfen.

Alternativ den Klebreis nach dem Einweichen im Dampfgarer ohne Wasser bei 100 °C und 100% Dampf etwa 25 Minuten garen.

Für die Zubereitung im Kochtopf 375 ml Wasser mit dem Salz aufkochen, den Reis hinzugeben und mit geschlossenem Deckel köcheln lassen, bis der Reis das Wasser aufgesogen hat. Anschließend einige Minuten ziehen lassen.

Risottoreis

- 2 Schalotten
- 2–3 EL Olivenöl
- 100 g Risottoreis
- 50 ml Weißwein
- 500 ml Gemüsebrühe
- 50 g Parmesan, 20 g Butter
- Salz, frisch gemahlener Pfeffer

Die ausführliche Zubereitung für den Risotto findet ihr auch im Rezept auf Seite 111. Für das Grundrezept wird lediglich der erste Schritt, das Anbraten der Kürbiswürfel weggelassen. Kurz vor dem Servieren den geriebenen Parmesan und die Butter unterrühren und den Risotto mit Salz und Pfeffer abschmecken.

ÖLE

DIE WICHTIGSTEN ÖLE IN MEINER KÜCHE:

(VON LINKS NACH RECHTS)

geröstetes Sesamöl
Zum Verfeinern von Salaten oder Saucen; zum Anbraten nur in Kombination mit anderen Ölen.

Sonnenblumen- oder Rapsöl
Für den täglichen Gebrauch zum Anbraten, Marinieren und für Salate.

natives Olivenöl extra (Olivenöl extra vergine)
Für Gemüse, Salate, zum Backen, Dünsten und als ultimativer Geschmacksträger; erhitzbar bis etwa 160 °C für Gemüse und Fisch.

Erdnussöl
Für die asiatische Küche, zum Frittieren, Backen und scharfen Anbraten.

Nuss- oder Kernöl
Für Salate oder die kalte Küche, nicht zum Erhitzen geeignet.

1 Pint
ml 500
3/4
400
300
1/2
200
1/4
100

GEMÜSEBRÜHE

Zutaten

- 2 große Karotten
- ½ mittelgroße Sellerieknolle
- 1 Stange Lauch
- 1 große Zwiebel
- 1 Knoblauchzehe
- 1 Zweig Thymian
- 1 Lorbeerblatt
- 5 schwarze Pfefferkörner
- 2 Wacholderbeeren
- 1 EL Salz

Zubereitung

- Das Gemüse gründlich waschen und falls nötig schälen. Den Lauch in Ringe schneiden, noch einmal waschen, dann das restliche Gemüse in etwa 2 x 2 cm große Stücke schneiden.

- Das Gemüse zusammen mit den Gewürzen und Kräutern in einen ausreichend großen Topf geben und mit 2,5 Liter kaltem Wasser bedecken.

- Das Wasser bei mittlerer Hitze zum Kochen bringen, aufkommenden Schaum abschöpfen und die Brühe etwa 45 Minuten leicht köcheln lassen.

- Die Brühe nun durch ein feines Sieb passieren und mit Salz abschmecken.

Brühe lässt sich portioniert gut einfrieren …

oder in Weckgläser füllen. Im Kühlschrank ist Gemüsebrühe 5–7 Tage haltbar.

Vorbereitungszeit: 10 Minuten – Zubereitungszeit: 50 Minuten
Ergibt 2 Liter

TOPPINGS/KNUSPRIGES

DIESE KNUSPRIGEN ZUTATEN VERFEINERN VIELE GERICHTE:

(VON LINKS NACH RECHTS UND VON OBEN NACH UNTEN)

gerösteter Klebreis
Den Reis in einer Pfanne ohne Fett etwa 5 Minuten goldbraun rösten und anschließend ganz fein mahlen.

Pangrattato
Paniermehl in Olivenöl anrösten und mit einer Prise Salz, getrockneten italienischen Kräutern und einer Prise Chili würzen.

geröstete Mandelblättchen
Die Mandelblättchen im Backofen bei 150 °C (Umluft) 8 Minuten rösten.

geröstete Nüsse und Kerne
Nüsse und Kerne zusammen in einer Pfanne bei mittlerer Hitze etwa 5 Minuten anrösten.

Röstzwiebeln
Die Zwiebeln in feine Streifen schneiden, in Mehl wenden, mit Paprikapulver würzen und in Sonnenblumenöl etwa 3 Minuten goldgelb frittieren.

geröstete ungesalzene Erdnüsse
Im Mörser zerstoßen.

gerösteter Knoblauch
Den Knoblauch schälen, fein hacken und in Sonnenblumenöl goldgelb frittieren.

geröstete Pankobrösel
Butter oder Sonnenblumenöl in einer Pfanne auf mittlerer Stufe erhitzen und die Pankobrösel darin goldgelb rösten. Mit Salz oder anderen Gewürzen würzen.

geröstete Kokosraspel
Eine Kokosnuss knacken, das Fruchtfleisch grob raspeln und etwa 1 Stunde im Backofen bei 80 °C (Umluft) trocknen.

VIERERLEI DRESSINGS

Himbeervinaigrette

Zutaten
- 100 g Himbeeren
- 3 EL Himbeeressig
- 50 ml Apfelsaft
- ½ TL Salz
- 1 große Prise Pfeffer
- 120 ml Olivenöl

Zubereitung
- Die Himbeeren mit Essig und Apfelsaft pürieren.

- Salz und Pfeffer unterrühren und 10 Minuten ziehen lassen. Das Olivenöl dazugeben und nochmals durchmixen. Mit Salz und Pfeffer abschmecken.

Zubereitungszeit: 5 Minuten – Ruhezeit: 10 Minuten
Für 4 Personen

Walnuss-Apfel-Vinaigrette

Zutaten
- 30 g Walnusskerne
- 1–2 Knoblauchzehen
- 1 Schalotte
- 3 EL Condimento bianco (weißer Balsamicoessig)
- ½ TL grober Senf
- ¼ TL Salz
- 1 große Prise weißer Pfeffer
- 4 EL Olivenöl
- 2 EL Walnussöl
- 1 großer Apfel

Zubereitung
- Die Walnusskerne im Backofen bei 150 °C (Umluft) etwa 10 Minuten rösten und klein hacken oder im Mörser zerstoßen. Knoblauch und Schalotte schälen und fein würfeln. Den Essig mit Senf, Salz und Pfeffer verrühren und einige Minuten ziehen lassen.

- Die beiden Ölsorten mit dem Schneebesen einrühren. Den Apfel schälen, das Kerngehäuse entfernen und in feine Würfel schneiden. Mit den Walnüssen unter die Vinaigrette rühren.

Zubereitungszeit: 15 Minuten – Ruhezeit: 5 Minuten
Für 4 Personen

Orientalisches Sesamdressing

Zutaten

- 2 EL Tahini
- 1 EL Honig
- 4 EL cremiger Joghurt (3,8 % Fett)
- Saft von 1 Zitrone
- ¼ TL Salz
- 1 große Prise Pfeffer
- 1 EL Sesamöl
- 4 EL Olivenöl

Zubereitung

- Tahini mit Honig und Joghurt in einer Schüssel mit dem Schneebesen kräftig verrühren, dabei den Zitronensaft einrühren. Salz und Pfeffer unterrühren und einige Minuten ziehen lassen. Sesamöl und Olivenöl einrühren. Alternativ in einem Schraubglas gut durchschütteln.

Zubereitungszeit: 10 Minuten – Ruhezeit: 5 Minuten
Für 4 Personen

Kräuterdressing

Zutaten

- 1–2 Knoblauchzehen
- 1 Schalotte
- 4 EL Weißweinessig
- 1 TL Senf
- ½ TL Salz
- 1 Prise Zucker
- 1 große Prise schwarzer Pfeffer
- 12 EL Olivenöl
- frische Kräuter, z. B. Schnittlauch, Kerbel, Petersilie, Basilikum

Zubereitung

- Knoblauch und Schalotte schälen und fein würfeln. Den Weißweinessig mit Senf, Salz, Zucker und Pfeffer verrühren und einige Minuten ziehen lassen.

- Das Olivenöl mit dem Schneebesen einrühren. Die Kräuter waschen, gut abtropfen lassen, mit Stielen grob hacken und ins Dressing geben. Mit dem Stabmixer fein pürieren.

Zubereitungszeit: 10 Minuten – Ruhezeit: 5 Minuten
Für 4 Personen

BROT & CO

Ein Butterbrot mit Salz - wenn ich daran denke, bekomme ich sofort Hunger darauf. Ein saftiges Sauerteigbrot aus dem Schwarzwald, dazu Butter und Salzflocken - das ist unglaublich lecker! Sozusagen ein Sinnbild absoluter Einfachheit in Perfektion. Ich liebe es. Brot ist ein dankbarer Begleiter, deshalb habe ich mich für vier Varianten entschieden, die perfekt zu meinen Gerichten passen. Die **Focaccia** schmeckt super zu Salaten und Eintöpfen. **Schiacciatine** sind sehr schnell gemacht und herrlich knusprig - sie passen immer zu Pasta.

Naan, das asiatische Fladenbrot gehört als Beilage zu Linsen-Dal oder asiatischem Ofengemüse und ist auch recht einfach zuzubereiten.

Nur die **Brioche** ist eine kleine Diva, weil sie wesentlich aufwendiger ist. Aber eine frisch gebackene Brioche zum Frühstück oder als Burger-Bun ist unschlagbar gut und mit einem gekauften Exemplar kaum vergleichbar. Es lohnt sich also.

Brioche

Zutaten für 4–6 Mini-Brioches

- 250 g Mehl (Type 405 oder 550)
- 15 g Hefe
- 80 ml lauwarme Milch
- 1 TL Zucker
- 1 große Prise Salz
- 2 Eigelbe
- 40 g Butter, gewürfelt
- 1 Ei zum Bestreichen

Zubereitung

- Das Mehl in eine Schüssel geben und eine Mulde in die Mitte drücken. Die Hefe in die Milch bröseln, dann Zucker und Salz dazugeben und mit einem Schneebesen verrühren. Nun die Flüssigkeit in die Mulde gießen und mit den Knethaken des Handrührgeräts oder der Küchenmaschine in den Teig einarbeiten.

- Die Eigelbe nach und nach unter den Teig rühren. Die gewürfelte Butter unter den Teig kneten. Der Teig sollte geschmeidig und weich sein. Den Teig zu einer Rolle formen und in vier bis sechs gleich große Stücke teilen. Diese jeweils zu einer glatten Kugel formen.

- Ein Backblech mit Backpapier belegen. Die Teigkugeln zu Brötchen formen und diese mit genügend Abstand auf das vorbereitete Backblech setzen. Alternativ den Teig auf ein Muffinblech oder in Silikonförmchen verteilen. Mit einem Küchentuch abgedeckt an einen warmen Ort stellen und etwa 20 Minuten gehen lassen.

- Den Backofen auf 180 °C (Umluft) vorheizen. Das Ei mit dem Schneebesen verquirlen und mit einem Backpinsel vorsichtig auf die Brötchen streichen. Etwa 18 Minuten im vorgeheizten Ofen backen.

Vorbereitungszeit: 40 Minuten
Zubereitungszeit: 20 Minuten

Focaccia

Zutaten für 1 Focaccia

- 400 g Mehl (Type 405 oder 550) plus 2 TL mehr zum Arbeiten
- 15 g frische Hefe
- 200 ml lauwarmes Wasser
- ½ TL Zucker
- 1 TL Salz
- 8 EL Olivenöl plus 4 EL mehr zum Bestreichen
- 1 TL Meersalzflocken
- ½ TL getrocknete italienische Kräutermischung

Zubereitung

- Das Mehl in eine Schüssel geben und eine Mulde in die Mitte drücken. Die Hefe in das Wasser bröckeln, dann Zucker, Salz und Öl zugeben und mit einem Schneebesen verrühren, bis alle Zutaten sich aufgelöst haben. Nun die Flüssigkeit in die Mulde gießen und dabei mit einem Holzlöffel unter das Mehl mischen. Den Teig mit den Händen oder der Küchenmaschine durchkneten und zu einer glatten Kugel formen.

- Die Teigkugel in eine mit Mehl bestäubte Schüssel geben und mit einem Geschirrtuch abdecken. 10 Minuten an einem warmen Ort gehen lassen.

- Den Backofen auf 60 °C (Umluft) vorheizen. Ein Backblech mit Backpapier belegen, den Teig in die Mitte setzen und mit den Fingerkuppen gleichmäßig verteilen. Mit einem Geschirrtuch abgedeckt 20 Minuten im Ofen gehen lassen. Das Teigvolumen sollte sich verdoppelt haben. Aus dem Ofen nehmen, das Geschirrtuch entfernen und den Backofen auf 190 °C (Umluft) einstellen.

- Den Teig großzügig mit Olivenöl einstreichen und mit Meersalzflocken und Kräutern bestreuen. Nun im vorgeheizten Ofen 25 Minuten backen.

Das Wasser darf maximal 38 °C haben, …

da die Hefe sonst nicht aufgeht. Am besten mit der Körpertemperatur vergleichen und mit dem Finger die Temperatur überprüfen.

Vorbereitungszeit: 40 Minuten
Zubereitungszeit: 25 Minuten

Naan-Brot

Zutaten für etwa 14 Stück

- 10 g Hefe
- 75 ml lauwarmes Wasser
- 1 TL flüssiger Honig
- 60 g Naturjoghurt
- ½ TL Salz
- 120 g Weizenmehl (Type 405) plus etwas mehr zum Arbeiten
- 50 g Dinkelmehl
- 30 g Vollkornmehl
- 2 TL Sonnenblumenöl

Zubereitung

- Die Hefe in das lauwarme Wasser (max. 38 °C) bröckeln. Honig, Joghurt und Salz zugeben und rühren, bis sich alle Zutaten vermischt haben. Die Mehle zufügen und alles mit einem Holzlöffel oder mit den Knethaken des Handrührgeräts zu einem geschmeidigen Teig verkneten. In eine Schüssel geben, mit einem Geschirrtuch abdecken und 10 Minuten ruhen lassen.

- Den Teig auf die leicht bemehlte Arbeitsfläche geben und noch einmal kurz von Hand durchkneten. Zu einer Rolle formen und in 14 gleich große Stücke schneiden. Jedes Stück zu einer Kugel formen.

- Das Öl in einer Pfanne auf mittlerer Stufe erhitzen. Die Kugeln auf der bemehlten Arbeitsfläche mit den Fingern oder einem Nudelholz zu etwa 5 mm dicken Fladen ausrollen und diese direkt in die heiße Pfanne geben.

- Auf der Unterseite backen, bis sich kleine goldbraune Stellen zeigen, dann wenden und auf der anderen Seite bis zur gewünschten Bräunung backen. Die Naan-Brote auf einem Teller stapeln.

Am besten gelingen die Naan-Brote …
in einer Schmiede- oder Gusseisenpfanne.

Vorbereitungszeit: 25 Minuten
Zubereitungszeit: 15–20 Minuten

Schiacciatine

Zutaten für 2 Personen

- 150 g Mehl (Tipo 00) plus etwas zum Bestäuben
- 60 ml warmes Wasser
- 8 EL Olivenöl plus 2 EL mehr zum Einpinseln
- 1 Prise Salz
- Meersalzflocken
- Rosmarinnadeln

Zubereitung

- Mehl und Wasser in einer großen Schüssel verrühren. 2 Esslöffel Olivenöl und Salz dazugeben und alles zu einem glatten Teig verkneten. Abgedeckt etwa 30 Minuten ruhen lassen.

- Den Backofen auf 200 °C (Umluft) vorheizen, ein Backblech mit Backpapier auslegen und die Arbeitsfläche mit Mehl bestäuben.

- Den Teig in zwei Hälften zerteilen und jede Portion mit einem Nudelholz ca. 3 mm dünn ausrollen. Auf das vorbereitete Backblech legen. Die Teiglinge mit 2 Esslöffeln Olivenöl bepinseln. Mit Meersalzflocken und Rosmarin bestreuen und etwa 15–20 Minuten knusprig backen.

Die anfallenden Brösel …

beim Brechen des »Brotes« eignen sich ganz wunderbar als Pangrattato (Brösel anstatt Parmesan) für Pasta.

Vorbereitungszeit: 40 Minuten
Zubereitungszeit: 20 Minuten

FRÜHLING

BÄRLAUCHCREMESÜPPCHEN

Für die Suppe

- 2 mittelgroße Zwiebeln
- 2 mittelgroße mehligkochende Kartoffeln
- 4 EL Olivenöl
- 30 g Butter
- 200 ml Weißwein
- 500 ml Gemüsebrühe
- 200 g Sahne
- 50 g Bärlauch oder andere Kräuter, je nach Saison
- 60 ml Olivenöl
- Salz
- Pfeffer
- 1 EL Zitronensaft

Für die Croûtons

- 4 Scheiben Baguette
- 3 EL Sonnenblumenöl
- 1 Prise Salz

Zubereitung

- Für die Suppe Zwiebeln und Kartoffeln schälen und in Würfel schneiden. Das Olivenöl in einem Topf auf mittlerer Stufe erhitzen und die Zwiebeln darin anschwitzen, ohne dass sie Farbe annehmen. Die Kartoffelwürfel dazugeben und kurz mitrösten.

- Die Butter zufügen und aufschäumen lassen. Alles mit dem Weißwein ablöschen und diesen auf hoher Stufe fast vollständig verkochen lassen. Mit der Brühe auffüllen und auf die Hälfte einköcheln lassen. Dann die Sahne zugießen, einmal aufkochen und 5 Minuten köcheln lassen.

- Die Stiele des Bärlauchs entfernen, die Blätter grob hacken und mit dem Olivenöl und ½ Teelöffel Salz pürieren.

- Die Suppe mit dem Stabmixer sämig pürieren, währenddessen ⅔ des Bärlauchöls einmixen. Mit je einer Prise Salz und Pfeffer sowie dem Zitronensaft abschmecken.

- Für die Croûtons das Baguette in 5 mm dicke Scheiben schneiden. Das Sonnenblumenöl in einer Pfanne auf mittlerer Stufe erhitzen und die Scheiben darin etwa 1 Minute pro Seite goldgelb und knusprig braten. Die Croûtons mit dem übrigen Bärlauchöl bestreichen und mit Salz bestreuen.

Eine schaumige Suppe bekommst du, …

indem du sie kurz vor dem Servieren mit einem kalten Schuss Milch aufschäumst. Einen stabilen Schaum stellst du mithilfe von Sojalecithin her, das in jedem Drogeriemarkt erhältlich ist. Dazu 1 Teelöffel Sojalecithin in der Suppe auflösen und alles mit dem Stabmixer aufschäumen.

Vorbereitungszeit: 20 Minuten – Zubereitungszeit: 25 Minuten
Für 2 Personen als Vorspeise oder kleine Mahlzeit

SÜSS-SAURES GEMÜSE

Zutaten

- 1 Bund Radieschen
- 1 kleiner Blumenkohl
- 3 junge Karotten
- 1 Kohlrabi
- 1 roter Rettich
- 5 Mairübchen
- Salz fürs Kochwasser (10 g pro l)
- 1 l Wasser
- 200 ml Weißweinessig
- 50 g Salz
- 100 g Zucker
- 1 TL Senfkörner
- 1 TL Koriandersamen
- 3 Pimentkörner
- 1 Lorbeerblatt
- einige Zweige Estragon
- einige Stängel Dill

Außerdem

- 1 sterilisiertes großes Schraubglas mit Deckel oder mehrere kleinere

Zubereitung

- Von den Radieschen das Grün abtrennen und die Radieschen waschen. Den Blumenkohl in zarte Röschen zerteilen und putzen. Die Karotten abbürsten oder schälen. Den Kohlrabi mit Schale in 1 cm Spalten schneiden. Den Rettich abbürsten oder schälen und der Länge nach vierteln. Die Mairübchen schälen und je nach Größe vierteln oder halbieren.

- Wasser in einem großen Topf zum Kochen bringen. Salz hineingeben und das Gemüse etwa 2 Minuten darin blanchieren. Dann mit kaltem Wasser, oder noch besser mit Eiswasser (eine Schüssel mit kaltem Wasser und Eiswürfeln) abschrecken, damit das Gemüse knackig bleibt. Das Gemüse gut abtropfen lassen.

- Das Wasser mit Essig, Salz, Zucker, Senfkörnern, Koriandersamen, Pimentkörnern und Lorbeerblatt in einen Topf geben und zum Kochen bringen. So lange köcheln lassen, bis sich Salz und Zucker aufgelöst haben.

- Die Kräuter von den Stängeln zupfen und zusammen mit dem Gemüse in die Gläser schichten. Den warmen Sud über das Gemüse ins Glas gießen, sodass alle Gemüsestücke bedeckt sind. Mit dem Deckel verschließen und mindestens 1 Tag ruhen lassen.

1 Teelöffel Natron ins Kochwasser ...

und das Gemüse behält seine Farbe.

Vorbereitungszeit: 40 Minuten – Zubereitungszeit: 10 Minuten
Für 4 Personen als Vorspeise oder Snack

QUICHE

Für den Quicheteig

- 250 g Mehl (Type 405 oder 550) plus etwas für die Form
- ½ TL Salz
- 150 g kalte Butter, gewürfelt, plus etwas für die Form
- 1 Ei

Für einen veganen Quicheteig

- 250 g Mehl plus etwas für die Form
- ½ TL Salz
- 150 g kalte Margarine plus etwas für die Form

Für das Gemüse

- ½ Stange Lauch
- 2 Zwiebeln
- Gemüse nach Wahl, z. B. 5 Champignons, 1 Zucchini, 1 Paprika, 100 g Erbsen, 2 Karotten oder 6 Cherrytomaten
- 2 EL Sonnenblumenöl
- Salz und Pfeffer

Für die Füllmasse

- 150 g Sahne
- 2 Eier plus 1 Eigelb
- ¼ TL Salz / 1 große Prise Pfeffer
- 1 Prise frisch geriebene Muskatnuss
- 50 g Käse, gerieben, z. B. Gruyère oder Parmesan

Für eine vegane Füllmasse

- 200 g Seidentofu
- 4 EL Speisestärke
- 1 EL Sojasauce
- 1 TL Currypulver
- ¼ TL Salz / 1 große Prise Pfeffer
- gehackte Kräuter nach Wahl

Zubereitung

- Mehl und Salz in einer Schüssel vermengen. Butter und Ei schnell von Hand einarbeiten und den Teig zu einer Kugel formen. In eine Schüssel legen, mit einem Geschirrtuch abdecken und mindestens 30 Minuten im Kühlschrank ruhen lassen. Den veganen Teig mit den entsprechenden Zutaten ebenso zubereiten.

- Den Backofen auf 140 °C (Ober-/Unterhitze) vorheizen. Eine Quiche- oder Tarteform dick mit Butter einpinseln und dünn mit Mehl bestäuben. Den gekühlten Teig der Form entsprechend ausrollen und die Form damit auslegen. Überschüssigen Teig am Rand rundherum abschneiden und den Teigboden mit einer Gabel einstechen. Etwa 10 Minuten im vorgeheizten Ofen vorbacken.

- Den Lauch waschen und in feine Streifen schneiden. Die Zwiebeln schälen und fein würfeln. Das Gemüse ggf. schälen und in feine Würfel schneiden. Das Öl in einer Pfanne auf mittlerer Stufe erhitzen. Zuerst die Zwiebeln hineingeben, dann die Gemüsewürfel und zuletzt den Lauch zufügen. Alles etwa 5 Minuten glasig anschwitzen. Mit je einer Prise Salz und Pfeffer würzen und aus der Pfanne nehmen.

- Währenddessen für die Füllung die Sahne mit Eiern und Eigelb verrühren und mit Salz, Pfeffer und Muskatnuss verfeinern.

- Den Backofen auf 180 °C (Umluft) vorheizen. Das Gemüse auf dem vorgebackenen Boden verteilen und mit der Sahnemischung übergießen. Den Käse darüber verteilen und im vorgeheizten Ofen auf der mittleren Schiene etwa 40 Minuten backen, bis die Quiche goldbraun ist.

- Für die vegane Quiche den Backofen auf 180 °C Umluft vorheizen. Den Seidentofu mit Speisestärke, Sojasauce, Currypulver, Salz und Pfeffer in einer Schüssel mit dem Schneebesen verrühren. Das Gemüse hinzugeben und die Masse gleichmäßig auf dem Teig verteilen, sodass die Form bis an den Rand gefüllt ist. 30–35 Minuten im vorgeheizten Ofen backen, bis die Quiche goldbraun ist. Mit den gehackten Kräutern bestreut servieren.

Eine noch herzhaftere Quiche bekommst du …

mit gewürfeltem Speck, Kürbis- oder Pinienkernen. Dazu kannst du einen leckeren Blattsalat-Mix servieren.

Vorbereitungszeit: 40 Minuten – Zubereitungszeit: 40 Minuten
Für 10 kleine oder 1 große Quiche

KARAMELLISIERTER SPARGEL MIT INGWER UND MISO

Zutaten

- 400 g weißer Spargel
- 8 Radieschen
- 2–4 Lauchzwiebeln
- 1 Knoblauchzehe
- 4 EL Erdnussöl
- 30 g Butter
- 1 TL Zucker
- 1 TL gehackter Ingwer
- 4 EL Weißwein
- 2 TL Misopaste
- 5 schwarze Pfefferkörner

Zubereitung

- Den Spargel von der Spitze aus schälen und die holzigen Enden etwa 1 cm abschneiden. Die Stangen der Länge nach halbieren und schräg in 4 cm große Stücke schneiden. Die Radieschen putzen und vierteln. Die Lauchzwiebeln in feine Ringe schneiden. Den Knoblauch schälen und fein hacken.

- Das Erdnussöl mit der Butter in einem Wok oder einer großen Pfanne auf hoher Stufe erhitzen und den Spargel darin 2 Minuten scharf anbraten. Währenddessen mit dem Zucker bestreuen. Radieschen, Ingwer und Knoblauch zufügen und etwa 1 Minute mit anrösten. Mit dem Weißwein ablöschen. Die Misopaste einrühren und kurz einköcheln lassen. Die Lauchzwiebeln unterrühren.

- Die Pfefferkörner grob zerstoßen und darüberstreuen.

Dazu passt …

eine Schale Reis von Seite 107, erster Schritt.

Vorbereitungszeit: 25 Minuten – Zubereitungszeit: 10 Minuten
Für 2 Personen

GEBRATENE MIE-NUDELN MIT MANGOLD

Zutaten

- 300 g bunter Mangold
- 2 Knoblauchzehen
- 200 g Mie-Nudeln
- 1 EL geröstetes Sesamöl
- 4 EL Austern- oder Pilzsauce
- 2–3 EL Fisch- oder Sojasauce
- 2 TL Kokosblütenzucker
- 6 EL Wasser
- 4 EL Erdnussöl
- 80 g Cashewkerne
- 1 große Prise Pfeffer oder Chilipulver

Zubereitung

- Den Mangold waschen, die Blätter von den Stängeln abtrennen und grob hacken. Die Stängel in 5 mm große Stücke schneiden. Den Knoblauch schälen und fein hacken.

- Die Mie-Nudeln in ungesalzenem Wasser nach Packungsangabe al dente kochen, abgießen, abschrecken und gut abtropfen lassen. Mit dem Sesamöl vermengen, damit sie nicht zusammenkleben.

- Die Austernsauce mit Fischsauce, Kokosblütenzucker und Wasser in einer Schüssel verrühren, bis sich der Kokosblütenzucker aufgelöst hat.

- Das Erdnussöl in einem Wok oder in einer großen Pfanne auf hoher Stufe erhitzen, die Cashewkerne darin etwa 1 Minute goldgelb rösten. Mit einer Lochkelle herausnehmen und auf Küchenpapier abtropfen lassen. Im selben Öl den Mangold etwa 2 Minuten knackig scharf anbraten. Den Knoblauch dazugeben und kurz mitrösten. Die Nudeln zufügen und etwa 1 Minute mitbraten.

- Die vorbereitete Sauce gleichmäßig darüber verteilen, dann die Hitze sofort reduzieren, damit die Sauce nicht zu stark einkocht. Die Cashewkerne darüberstreuen und alles mit Pfeffer oder Chilipulver bestreuen.

Statt Mangold ...

kannst du zu jeder Jahreszeit saisonales Gemüse verwenden, das schnell zubereitet ist, etwa Spinat, Pak Choi oder auch Weißkraut.

Vorbereitungszeit: 30 Minuten – Zubereitungszeit: 10 Minuten
Für 2 Personen

OFENKAROTTEN MIT JOGHURT-MINZE-SAUCE

Für die Ofenkarotten

- 1 Bund kleine Karotten
- ½ Biozitrone
- 4 EL Olivenöl
- 1 Prise Salz
- 1 Prise Pfeffer aus der Mühle
- 1 TL gemahlener Kreuzkümmel
- 100 ml Brühe oder Wasser

Für die Joghurt-Minze-Sauce

- 200 g Joghurt
- je ½ TL Salz und Pfeffer
- 1 TL Zitronensaft
- 1 Zweig Minze

Zubereitung

- Für die Ofenkarotten den Backofen auf 200 °C (Ober- und Unterhitze) vorheizen. Die Karotten schälen und ggf. halbieren. Die Schale der Zitrone fein abreiben. Die Karotten in einer Auflaufform mit Olivenöl, Salz, Pfeffer und Kreuzkümmel vermengen. Mit Brühe oder Wasser aufgießen und die Zitronenschale darüberstreuen. Etwa 25 Minuten im vorgeheizten Ofen goldbraun backen.

- Für die Joghurt-Minze-Sauce den Joghurt in einer Schüssel cremig rühren und mit Salz, Pfeffer und Zitronensaft vermischen. Die Minzblätter vom Zweig abzupfen, hacken und unterrühren.

Wenn es bunte Karotten auf dem Markt gibt, …

dann greif unbedingt zu. Die Farben sehen so toll aus und der Geschmack der einzelnen Karottensorten ist super lecker.

Vorbereitungszeit: 40 Minuten – Zubereitungszeit: 10 Minuten
Für 2 Personen

Geht es dir wie mir? Hast du auch spätestens nach Weihnachten keine Lust mehr auf den Winter? Ganz ehrlich, die Kälte und die Dunkelheit sind nicht mein Ding und wenn sich der Frühling das erste Mal ankündigt, atme ich regelrecht auf. Kalte und klare Tage haben für mich ihren Reiz, aber matschiges Wetter und endloser Regen müssen nicht sein – da geht es sicher vielen so wie mir. Sobald die ersten warmen Sonnenstrahlen kommen, steigt meine Laune schlagartig und ich werde aktiv. Das helle Licht in unserer Wohnung, endlich die Fenster öffnen, um die frische Frühlingsluft hereinzulassen und vor allem das erste Vogelgezwitscher – ich liebe diese Vorboten. Wenn ich den Frühling riechen kann, schwingt immer ein Gefühl von Aufbruch mit. In Freiburg werden die Menschen plötzlich wieder umtriebig. Hier spielt sich das Leben bevorzugt draußen ab und der Frühling bringt nach dem gefühlten Winterschlaf Bewegung in die Stadt. Auf dem Markt wird es wieder bunt – was die Kleidung der Menschen und auch die Produktvielfalt betrifft.

Ein erstes Picknick im Freien steht schon bald auf meinem Plan – ich besorge frische Zutaten auf dem Markt und ziehe mit meiner Familie in die Natur, am liebsten in den Kaiserstuhl, wo es oft wärmer als im Schwarzwald ist. Die Abende werden länger, die Kleidung wird dünner, die Welt farbenfroher und die Lust auf Kreativität bekommt in dieser Stimmung einen ganz neuen Schub.

Ich liebe die ersten warmen Tage einfach! Wenn ich endlich ohne dicke Daunenjacke auf den Markt gehen kann und die Frühlingsblüher gute Laune verbreiten. Die Menschen fangen wieder an, den Austausch an der frischen Luft zu genießen. Man spürt, wie die Lebensgeister zurückkehren und ich freue mich jedes Mal, mit meinem vollen Korb frischer Zutaten in die Kochschule zu gehen, um neue Gerichte auszuprobieren.

Der Marktgang im Frühling ist ein Fest der Sinne. An einem Eckstand lockt der Duft von frischen Kräutern wie Schnittlauch, Petersilie und Koriander. Daneben ein Berg von jungen, zarten Salaten – Kopfsalat, Rucola und Feldsalat, die herrlich knackig grün sind. Dazwischen Radieschen in leuchtendem Rot und Weiß neben Lauchzwiebeln im Bund und frischem Knoblauch. Man bekommt schon zarte Möhren und knackige Erbsen, außerdem die ersten saftigen Erdbeeren.

Im Frühling freue ich mich ganz besonders auf Spargel. Weiß oder grün – ich mag beide Sorten. Aber ich kombiniere Spargel gern anders, als er traditionell serviert wird. Ich liebe ihn mit frischen Erdbeeren – eine tolle Kombi. Oder aber mit Miso. Für das Gericht in diesem Kapitel brate ich den Spargel, was sein Aroma wunderbar intensiviert. Außerdem überfällt mich plötzlich ein großer Appetit auf Kresse. Endlich kein Kohl mehr! Spätestens im Februar hängt er mir zum Halse raus und neue, knackige Gemüsesorten und vor allem frische Kräuter müssen her.

In der Übergangszeit kommen Rhabarber, Radieschen und Spargel allerdings meist aus dem Gewächshaus. Das soll mich jedoch nicht davon abhalten, bei Produzenten einzukaufen, die mir schon lange vertraut sind. Bei ihnen kenne ich die Qualität und weiß, dass sie auch schon im Frühling eine gute Vielfalt anbieten.

Für mich beginnt der Frühling Ende März und erstreckt sich bis in den frühen Sommer, wenn die Erdbeerzeit beginnt. Nach dem langen Winter sind die ersten frischen Gemüse- und Obstsorten ein riesengroßer Genuss für mich. In diesem Kapitel teile ich meine liebsten Frühlingsrezepte mit euch, Rhabarber (der zu meinen absoluten Favoriten zählt) und Spargel stehen dabei ganz klar ganz oben auf der Liste neben vielen frischen Kräutern und den ersten Erdbeeren. Genießt es ...

Ruef /
burg

KARTOFFELRÖSTI MIT SPIEGELEI

Für die Rösti
- 500 g mehligkochende Kartoffeln
- Salz und Pfeffer
- 2 EL Sonnenblumenöl

Für das Spiegelei
- 2–3 EL Sonnenblumenöl
- 15 g Butter
- 2 Eier
- 1 Prise Salz
- 1 Prise Piment d'Espelette oder Chilipulver

Zubereitung
- Für die Rösti die Kartoffeln schälen und mit der Reibe grob raspeln. Mit Salz und Pfeffer würzen und alles gut mischen. Einige Minuten stehen lassen, damit die Kartoffeln Wasser ziehen, dann mit beiden Händen, oder noch besser in einem Geschirrtuch gut ausdrücken.

- Das Sonnenblumenöl in einer Pfanne auf hoher Stufe erhitzen, die Kartoffeln hineingeben und mit einem Löffel zu kompakten Rösti formen. 2–3 Minuten anbraten, dann die Hitze um die Hälfte reduzieren und die Rösti langsam goldgelb braten. Zum Wenden einen Topfdeckel auf die Rösti legen, die Pfanne umdrehen und die Rösti vom Deckel in die Pfanne gleiten lassen. Die andere Seite ebenso goldgelb und knusprig braten.

- Für das Spiegelei das Sonnenblumenöl mit der Butter in einer Pfanne auf niedriger Stufe erhitzen, bis die Butter zerlassen ist. Die Eier jeweils in einen tiefen Teller aufschlagen und langsam in die Pfanne gleiten lassen. Etwa 5 Minuten garen, sodass das Eiweiß gestockt ist und das Eigelb warm aber noch flüssig ist. Mit Salz und Piment d'Espelette würzen.

Es gibt nichts Herrlicheres zu Rösti ...
als einen knackigen Salat der Saison. Vier leckere Dressings findet ihr auf Seite 30–33.

Vorbereitungszeit: 20 Minuten – Zubereitungszeit: 30 Minuten
Für 2 Personen

VIERERLEI RÜHREI

Variante klassisch

- 2 Eier
- 15 g Butter
- 1 Prise Salz
- frische Kräuter, z. B. Schnittlauch, Petersilie oder Kerbel

Variante mit Speck

- 4 Scheiben Frühstücksspeck

Variante asiatisch

- 1–2 Lauchzwiebeln
- 2 Eier
- 15 g Butter
- 1 TL Fisch- oder Sojasauce
- frische Kräuter, z. B. Koriander oder Schnittlauch
- 1 TL gerösteter Sesam (optional)

Variante vegan

- 200 g Seidentofu
- 2 Lauchzwiebeln
- 4 Cherrytomaten
- 100 g Brokkoliröschen
- 2 EL Sonnenblumenöl
- 1 Prise geräucherte Meersalzflocken
- 1 Prise Pfeffer
- ½ TL Kurkumapulver

Zubereitung

- Für das klassische Rührei die Eier mit dem Schneebesen in einer Schüssel gut verquirlen. Die Hälfte der Butter in kleinen Flöckchen zugeben und das Salz unterrühren.

- Die restliche Butter in einer Pfanne bei kleiner Hitze langsam zerlassen, das Rührei hineingießen und allmählich stocken lassen. Dabei mit einem Holzlöffel vorsichtig rühren, das Ei sollte nicht komplett stocken. Schnell aus der Pfanne auf einen Teller geben. Mit frisch gehackten Kräutern bestreut servieren.

- Für die Speckvariante den Frühstücksspeck in einer weiteren Pfanne von beiden Seiten etwa 2 Minuten kross anbraten und zum klassischen Rührei reichen.

- Für das asiatische Rührei die Lauchzwiebeln putzen und in feine Ringe schneiden. Die Eier mit dem Schneebesen in einer Schüssel gut verrühren. Die Hälfte der Butter in kleinen Flöckchen zugeben und die Fisch- oder Sojasauce unterrühren.

- Die restliche Butter in einer Pfanne bei niedriger Hitze langsam zerlassen, das Rührei hineingießen und allmählich stocken lassen. Dabei mit einem Holzlöffel vorsichtig rühren. Das Ei sollte noch nicht komplett gestockt sein, dann schnell aus der Pfanne auf einen Teller geben und servieren. Mit frisch gehackten Kräutern, Lauchzwiebelringen und Sesam bestreut servieren.

- Für die vegane Variante den Seidentofu in ein Sieb legen und abtropfen lassen. Das Gemüse waschen, putzen und klein schneiden.

- Das Sonnenblumenöl in einer Pfanne auf mittlerer Stufe erhitzen. Das Gemüse darin etwa 1 Minute anbraten.

- Den Seidentofu in einer Schüssel mit geräucherten Meersalzflocken, Pfeffer und Kurkumapulver mit einem Schneebesen glatt rühren, in die Pfanne geben und unter vorsichtigem Rühren etwa 2–3 Minuten bei mittlerer Hitze braten.

Nach Lust und Laune …

mit Chiliflocken oder geröstetem Sesam, Meersalzflocken und grob gemahlenem Pfeffer bestreuen.

Vorbereitungszeit: 10 Minuten – Zubereitungszeit: 10 Minuten
Für 1 Person

GRÜNER SPARGELSALAT MIT ERDBEEREN

Für den Spargelsalat

- 1 Bund grüner Spargel (ca. 500 g)
- 2–3 Lauchzwiebeln
- 4 Erdbeeren
- 1 Bund frische Kräuter, z. B. Basilikum, Estragon oder Petersilie
- 1 Bund Rucola
- 1 große Prise Piment d'Espelette (alternativ 1 Prise Chilipulver)

Für das Dressing

- ½ Biozitrone
- 4 EL Condimento bianco (weißer Balsamicoessig)
- 1 TL Salz
- ¼ TL gemahlener Pfeffer
- 8 EL Olivenöl

Zubereitung

- Die holzigen Enden des Spargels abschneiden und den Spargel im unteren Drittel schälen. Den Spargel in einem Topf mit kochendem Salzwasser etwa 2 Minuten blanchieren. Herausnehmen und sofort mit kaltem Wasser abschrecken.

- Die Lauchzwiebeln putzen und in schräge, sehr feine Ringe schneiden. Die Erdbeeren putzen und in Stücke schneiden. Von den Kräutern die Stängel entfernen und die Blätter fein hacken. Den Rucola waschen und etwas klein zupfen.

- Für das Dressing die Schale der Zitrone abreiben und die Zitrone auspressen. Den Condimento mit Salz, Pfeffer, Zitronenschale und -saft vermengen. Das Olivenöl mit einem Schneebesen einrühren.

- Den Spargel schräg in 3 cm lange Stücke schneiden und mit Erdbeeren, Kräutern und Rucola in einer Schüssel vermischen. Das Dressing darübergeben und mit einer Prise Piment d'Espelette abschmecken.

Natürlich schmeckt dieser Salat auch …

mit weißem Spargel sehr lecker. Dazu koche ich den Spargel in leicht gesalzenem Wasser mit einer Prise Zucker sehr knackig.

Vorbereitungszeit: 20 Minuten – Zubereitungszeit: 5 Minuten
Für 4 Personen als Vorspeise oder Snack

SPAGHETTI MIT SPARGEL UND CHERRYTOMATEN

Zutaten

- 300 g Nudeln, z. B. Spaghetti
- Salz
- 250 g weißer Spargel (Klasse II)
- 250 g grüner Spargel
- 1–2 Schalotten
- 1–2 Knoblauchzehen
- 4 EL Olivenöl
- 1 Prise Zucker
- 4–6 eingelegte getrocknete Tomaten
- 150 ml trockener Weißwein
- 1 Biozitrone
- ¼ TL Salz
- 1 große Prise Pfeffer
- 60 g Parmesan, gerieben

Zubereitung

- Einen großen Topf mit etwa 3 Litern Wasser für die Nudeln aufsetzen. Sobald das Wasser kocht, das Salz dazugeben und die Nudeln al dente kochen.

- Den weißen Spargel von der Spitze aus schälen. Die holzigen Enden etwa 1 cm abschneiden. Die Spitze abschneiden, die Spargelstangen der Länge nach halbieren und in etwa 3 cm lange Stücke schneiden.

- Den grünen Spargel im unteren Drittel schälen und das holzige Ende abschneiden. Die grünen Spargelstangen mit der Spitze in schräge Stücke von etwa 3 cm schneiden. Schalotte und Knoblauch schälen und fein würfeln.

- Das Olivenöl in einer Pfanne auf mittlerer Stufe erhitzen und die weißen Spargelstücke darin 2–3 Minuten anbraten. Währenddessen die Schalotten- und Knoblauchwürfel hinzugeben und mitbraten. Mit dem Zucker bestreuen und etwa 1 Minute leicht karamellisieren. Die getrockneten Tomaten zufügen und mit dem Weißwein ablöschen. Die Hitze erhöhen und den Wein auf die Hälfte einkochen.

- Nun die grünen Spargelstücke zugeben und etwa 3 Minuten gar dünsten. Die Schale der Zitrone fein abreiben und zusammen mit Salz und Pfeffer an die Sauce geben.

- Die Nudeln abgießen und mit etwas Olivenöl durchmischen. In die Pfanne zur Spargelsauce geben und gut durchschwenken. Mit dem geriebenen Parmesan bestreuen und genießen.

Schmeckt übrigens auch …

nur mit grünem Spargel, nur mit weißem Spargel oder auch ohne Spargel ;)

Vorbereitungszeit: 20 Minuten – Zubereitungszeit: 10 Minuten
Für 4 Personen als Vorspeise

KLEBREIS MIT RHABARBER AUS DEM OFEN UND ERDBEERSORBET

Für den Klebreis

- 100 g Klebreis
- 2 EL Zucker oder Kokosblütenzucker
- 1 Prise Salz
- 500 ml Kokosmilch
- Salz

Für den Rhabarber

- 200 g Rhabarber
- 1 Biolimette
- 2–3 EL Zucker
- 1 TL Vanillezucker

Für das Sorbet

- 100 g Zucker
- 100 ml Wasser
- 250 g Erdbeeren, plus 2 Erdbeeren zum Servieren
- 1 EL Zitronensaft
- 4 EL Glukosepulver
- 40 g Kokosraspel

Zubereitung

- Für den Klebreis 225 ml Wasser in einem Topf zum Kochen bringen, dann den Reis hineingeben. Zucker und Salz zufügen und alles mit geschlossenem Deckel etwa 20 Minuten sanft köcheln lassen, bis das Wasser komplett aufgesogen wurde. Den Topf vom Herd nehmen und den Reis noch einige Minuten ziehen lassen. Währenddessen die Kokosmilch mit dem übrigen Zucker aufkochen, mit einer großen Prise Salz abschmecken und etwa 10 Minuten sanft köcheln lassen. Die Hälfte der Kokosmilch unter den Reis rühren. Die andere Hälfte zur Seite stellen.

- Den Rhabarber schälen und schräg in 1 cm dicke Scheiben schneiden. Die Schale der Limette fein abreiben und beiseitestellen. Den Saft der Limette auspressen und zusammen mit dem Zucker (die Menge ist von der Säure des Rhabarbers abhängig) in einer Auflaufform vermengen. Mindestens 15 Minuten marinieren.

- Den Backofen auf 160 °C (Umluft) vorheizen. Den Rhabarber etwa 15 Minuten im vorgeheizten Ofen garen, sodass er noch leicht Biss hat.

- Für das Sorbet einen Läuterzucker herstellen. Dafür 100 g Zucker in 100 ml Wasser rühren und zum Kochen bringen. So lange kochen, bis sich der Zucker aufgelöst hat. Die Erdbeeren putzen und pürieren. Den Läuterzucker mit Erdbeerpüree und Zitronensaft vermengen. Das Glukosepulver einrühren und die Masse abkühlen lassen. Die Sorbetmasse in die Eismaschine zum Gefrieren geben und anschließend in eine Form füllen. Idealerweise nochmals 2–3 Stunden in der Gefriertruhe tiefkühlen.

- Zum Servieren den Klebreis als Nocken oder Kugel abstechen, auf Teller verteilen und Rhabarber, Sorbet sowie eine Erdbeerhälfte darauf anrichten. Die Kokosraspel in einer Pfanne ohne Fett goldgelb rösten und darüberstreuen. Die Limettenschale darüberreiben.

Übrigens, …

wenn's keinen Rhabarber mehr gibt, kannst du warme Heidelbeeren, Zwetschgen oder Äpfel aus dem Ofen dazu servieren.

Vorbereitungszeit: 40 Minuten – Zubereitungszeit: 10 Minuten – Ruhezeit: mind. 2 Stunden
Für 2 Personen als Dessert

RHABARBERKOMPOTT MIT INGWERSTREUSELN

Für das Rhabarberkompott

- 500 g Rhabarber
- 1 Päckchen Vanillezucker
- 1 Zitrone
- 100 g Zucker
- 4 EL Wasser
- 200 g gefrorene Himbeeren

Für die Ingwerstreusel

- 45 g kalte Butter
- 70 g Mehl
- 50 g Zucker
- 30 g gemahlene Mandeln
- 1 TL gemahlener Ingwer
- ¼ TL Salz

Zubereitung

- Für das Kompott den Rhabarber putzen und in 1 x 1 cm große Würfel schneiden. In eine Schüssel geben, mit dem Vanillezucker bestreuen und ziehen lassen. Die Zitrone auspressen.

- Den Zucker mit dem Wasser in einen Topf geben, zum Kochen bringen und hellbraun karamellisieren lassen. Mit dem Zitronensaft ablöschen. Die Himbeeren dazugeben und alles zu einer sämigen Sauce einkochen. Den Rhabarber zufügen und unter gelegentlichem Rühren bei schwacher Hitze maximal 10 Minuten garen. Vom Herd nehmen und auskühlen lassen.

- Den Backofen auf 200 °C (Umluft) vorheizen und ein Backblech mit Backpapier auslegen. Alle Zutaten für die Ingwerstreusel in der Küchenmaschine verrühren, bis der Teig feinkrümelig ist. Auf das vorbereitete Backblech geben und 15–20 Minuten im vorgeheizten Ofen backen, bis der Teig trocken und goldgelb ist.

Sind die ersten Erdbeeren reif, …

kannst du auch gewürfelte Erdbeeren statt gefrorene Himbeeren unter das Kompott rühren.

Vorbereitungszeit: 20 Minuten – Zubereitungszeit: 40 Minuten
Für 4 Personen als Dessert

QUARK-VANILLE-MOUSSE MIT BALSAMICOKIRSCHEN

Für die Quark-Vanille-Mousse

- 250 g Sahnequark
- 30 g Puderzucker
- 1 Vanilleschote
- ½ Biozitrone
- 150 g Sahne
- 2 Eiweiße
- 1 TL Vanillezucker
- 1 Prise Salz

Für die Balsamicokirschen

- 300 g Kirschen
- 50 g Zucker
- 2 EL Wasser
- 50 ml Aceto balsamico di Modena, plus 1 EL
- 50 ml Rotwein
- 1 Prise gemahlener Zimt
- 1 TL Speisestärke

Außerdem

- 40 g Mandelplättchen
- 1 TL Puderzucker

Zubereitung

- Für die Mousse den Quark mit dem Puderzucker in einer Schüssel mit dem Schneebesen glatt rühren. Die Vanilleschote halbieren, das Mark mit einem Messer herauskratzen und unterrühren. Die Zitrone waschen und die Schale mit einer feinen Reibe abreiben.

- Die Sahne cremig steif schlagen und mit dem Schneebesen unter die Quarkmischung rühren.

- Die Eiweiße mit Vanillezucker und Salz cremig steif schlagen und vorsichtig unterheben.

- Die Mousse in Dessertschalen oder -gläser füllen.

- Für die Balsamicokirschen die Kirschen waschen, den Stiel entfernen und die Kirschen entsteinen. In einem Topf Zucker und Wasser verrühren. Erhitzen und zu einem hellbraunen Karamell kochen. Mit 50 ml Aceto balsamico und Rotwein ablöschen. Die Kirschen zugeben und 5–10 Minuten sanft darin köcheln lassen. Dann den Zimt zufügen. Die Speisestärke mit dem übrigen Balsamico verrühren und langsam in die Kirschen rühren. Bis zur gewünschten Konsistenz einköcheln lassen.

- Den Backofen auf 150 °C (Umluft) vorheizen. Die Mandelplättchen mit dem Puderzucker mischen und in eine Auflaufform geben. Etwa 8 Minuten im vorgeheizten Ofen rösten, dann abkühlen lassen.

- Die Balsamicokirschen zur Mousse geben und alles mit den gerösteten Mandeln bestreut servieren.

Auch hier kannst du …

ganz klar zu jeder Jahreszeit anderes Obst zu deinem Dessert servieren wie etwa Rhabarberkompott, frische Beeren, Bratapfelscheiben.

Zubereitungszeit: 20 Minuten – Abkühlen: 30 Minuten
Für 4 Personen als Dessert

SOMMER

BUNTER LINSENSALAT MIT SCHAFSKÄSE

Für den Linsensalat

- 160 g Linsen nach Wahl, z. B. bunte Mischung
- 40 g rote Linsen
- ½ Paprika
- 1 Karotte
- 2–3 Lauchzwiebeln
- 2 eingelegte getrocknete Tomaten
- 1 kleines Bund Petersilie
- 1 kleines Bund frische Minze
- 180 g Schafskäse

Für das Dressing

- 1–2 Schalotten
- 1 Knoblauchzehe
- 4 EL Condimento bianco (weißer Balsamicoessig)
- ¼ TL Salz
- 1 große Prise gemahlener Pfeffer
- ½ Zitrone
- ½ TL Honig
- 6 EL Olivenöl

Zubereitung

- Alle Linsen in ungesalzenem Wasser 20–25 Minuten kochen. Das Wasser abgießen, die Linsen mit kaltem Wasser abschrecken und gut abtropfen lassen. Die Paprika vierteln, entkernen und in feine Würfel schneiden. Die Karotte schälen und fein würfeln. Die Lauchzwiebeln putzen und in Ringe schneiden. Die eingelegten getrockneten Tomaten fein würfeln. Petersilien- und Minzblätter von den dicken Stielen abzupfen und fein hacken.

- Für das Dressing Schalotten und Knoblauch schälen und fein würfeln. Den Condimento mit Salz, Pfeffer, Knoblauch und Schalotten verrühren und einige Minuten ziehen lassen. Die Zitrone auspressen. Zitronensaft und Honig zufügen, dann erst das Olivenöl einrühren.

- Die Linsen mit Gemüse, Kräutern und Vinaigrette vermengen. Mit Salz und Pfeffer abschmecken. Den Schafskäse aus der Lake nehmen, gut abtropfen, zerbröseln und über den Salat streuen.

Dazu passen …

Naan-Brot (siehe Seite 36) oder Focaccia (siehe Seite 35)

Vorbereitungszeit: 20 Minuten – Zubereitungszeit: 25 Minuten
Für 2 Personen als Vorspeise oder kleine Mahlzeit

BURRATA MIT PFIRSICH UND TOMATEN

Zutaten

- 2 Burrata (à 125 g)
- 2 Pfirsiche
- 500 g verschiedenfarbige Tomaten
- 1 kleines Bund Basilikum
- 1–2 EL Condimento bianco (weißer Balsamicoessig)
- 3–4 EL Olivenöl
- 1 Prise Meersalzflocken
- frisch gemahlener Pfeffer

Zubereitung

- Die Burrata aus der Lake nehmen und trocken tupfen. Die Pfirsiche waschen, halbieren, entsteinen und in Spalten schneiden. Die Tomaten in Scheiben schneiden. Die Basilikumblätter von den Stängeln zupfen. Alle Zutaten auf einer Servierplatte dekorativ anrichten.

- Condimento und Olivenöl darüberträufeln. Mit Meersalzflocken und Pfeffer bestreut servieren.

Dazu passt ganz wunderbar …

die Schiacciatine (siehe Seite 37) oder die Focaccia (siehe Seite 35)

Zubereitungszeit: 20 Minuten
Für 2 Personen

LAUWARMER BRATKARTOFFELSALAT MIT GEMÜSE

Für den Salat

- 100 g Pflück- oder Blattsalate, z. B. Rucola
- 1 rote Zwiebel
- 5–6 Radieschen
- 1 kleine Zucchini
- 100 g junger zarter Spinat
- 4 reife Tomaten
- 700 g festkochende Kartoffeln, z. B. Ditta, Linda, Nicola
- 4 EL Sonnenblumenöl
- Salz und frisch gemahlener schwarzer Pfeffer
- ¼ TL Paprikapulver

Für das Dressing

- 3 EL Weißweinessig
- ¼ TL Salz
- 1 Prise Zucker
- 1 große Prise Pfeffer
- 1 Knoblauchzehe
- 4–5 EL Olivenöl
- 1 große Prise Meersalzflocken, optional geräuchert

Zubereitung

- Die Pflück- oder Blattsalate waschen und in mundgerechte Stücke zupfen. Die Zwiebel schälen und in feine Streifen schneiden. Die Radieschen waschen, putzen und in Scheiben schneiden. Die Zucchini in hauchdünne Scheiben hobeln, den Spinat waschen und gut abtropfen lassen. Von den Tomaten den Strunk entfernen und die Tomaten in grobe Würfel schneiden.

- Die Kartoffeln mit Schale in leicht gesalzenem Wasser weich kochen. Abgießen und ein- bis zweimal mit kaltem Wasser abspülen und abkühlen lassen, dann in feine Scheiben schneiden.

- Das Öl in einer Pfanne auf mittlerer Stufe erhitzen und die Kartoffeln darin von beiden Seiten unter Schwenken langsam goldgelb braten. Kurz bevor die Kartoffeln fertig gebraten sind, diese mit Salz, Pfeffer und Paprikapulver würzen und in eine Salatschüssel geben.

- Für das Dressing den Essig mit Salz, Zucker und Pfeffer verrühren. Den Knoblauch schälen, fein hacken oder pressen und einrühren. Das Olivenöl mit dem Schneebesen unterrühren.

- Alle Zutaten in eine Schüssel geben. Das Dressing über die Zutaten gießen und den Salat gut vermischen. Mit einer großen Prise (geräucherten) Meersalzflocken und Pfeffer abschmecken.

Probiere in diesem Rezept …

die bunte Vielfalt an jungem und knackigem Marktgemüse aus. Alles ist erlaubt.

Vorbereitungszeit: 30 Minuten – Zubereitungszeit: 25 Minuten
Für 2 Personen

PASTA MIT GERÖSTETEM BLUMENKOHL UND ERBSENSAUCE

Für die Pasta

- 300 g Fusilli
- 2 EL Olivenöl
- 1 TL Salz
- frisch gemahlener Pfeffer

Für die Sauce

- 300 g Blumenkohl
- 200 g frische oder gefrorene Erbsen
- 1–2 Schalotten
- 1–2 Knoblauchzehen
- 50 g gehobelte Mandeln
- 2–3 EL Olivenöl
- 1 Prise Zucker
- 50 ml trockener Weißwein
- 150 g Sahne
- 1 Prise Salz
- frisch gemahlener Pfeffer
- 1 Prise frisch geriebene Muskatnuss
- 1–2 Zweige Minze

Zubereitung

- Die Nudeln in reichlich gesalzenem Wasser al dente kochen.

- Währenddessen den Backofen auf 150 °C (Ober- und Unterhitze) vorheizen. Den Blumenkohl in kleine Röschen zerteilen, waschen und gut abtropfen lassen. Frische Erbsen auslösen, gefrorene Erbsen antauen lassen. Schalotte und Knoblauch schälen und fein würfeln. Die gehobelten Mandeln 10 Minuten im vorgeheizten Ofen rösten.

- Das Olivenöl in einem Topf auf mittlerer Stufe erhitzen und die Blumenkohlröschen darin etwa 2 Minuten anbraten, währenddessen mit Zucker bestreuen. Schalotten und Knoblauch zufügen und 2 Minuten sanft mitbraten. Mit dem Weißwein ablöschen und diesen kurz einköcheln lassen. Die Sahne zugießen und alles mit Salz, Pfeffer und Muskat würzen. 200 ml Nudelwasser zugeben und die Sauce sämig einköcheln lassen. Mandeln und Erbsen zufügen.

- Die Minzeblätter vom Stiel abzupfen, fein hacken und unter die Sauce mischen. Die Nudeln abgießen, mit Olivenöl mischen und unter die Sauce mischen. Nochmals mit Salz und Pfeffer abschmecken.

Vorbereitungszeit: 25 Minuten – Zubereitungszeit: 30 Minuten
Für 2 Personen

CREMIGE POLENTA MIT SOMMERGEMÜSE UND KRÄUTERPESTO

Für die Polenta

- 1 Knoblauchzehe
- 400 ml Milch
- 100 g Sahne
- Salz
- 100 g Polenta
- frisch gemahlener Pfeffer
- 20 g Butter
- 80 g Parmesan, gerieben

Für das Kräuterpesto

- 1 Bund frische Kräuter, z. B. Basilikum, glatte Petersilie oder Rucola
- 3–4 EL Olivenöl
- 1 Spritzer Zitronensaft
- 1 Prise Salz

Für das Sommergemüse

- 1–2 grüne oder gelbe Zucchini
- 8 Cherrytomaten
- 4 EL Olivenöl
- 1–2 Zweige Rosmarin
- 1–2 Zweige Thymian
- Meersalzflocken
- frisch gemahlener Pfeffer
- 15 g Pinienkern

Zubereitung

- Den Knoblauch schälen, hacken und mit Milch, Sahne und einer Prise Salz zum Kochen bringen. Die Polenta langsam mit dem Schneebesen einrühren und bei kleiner Hitze etwa 5 Minuten quellen lassen. Mit Salz und Pfeffer abschmecken, dann Butter und Parmesan einrühren. Die Polenta sollte leicht flüssig sein. Warm halten.

- Währenddessen für das Sommergemüse die Zucchini in 1 cm dicke Scheiben schneiden und die Cherrytomaten halbieren. Das Olivenöl auf mittlerer Stufe erhitzen und die Zucchini darin von beiden Seiten goldgelb braten. Die Cherrytomaten halbieren und zusammen mit den Kräuterzweigen mitbraten. Alles mit Meersalzflocken und Pfeffer würzen. Zucchini, Tomaten und Kräuter aus der Pfanne nehmen. Die Pinienkerne hineingeben und kurz anrösten.

- Währenddessen für das Pesto die Kräuter waschen, abschütteln, die Blätter von den Stielen zupfen und grob hacken. In einen Mixbecher geben, Olivenöl, Zitronensaft und Salz zufügen und zu einem sämigen Pesto pürieren.

- Die Polenta auf einem Teller verstreichen und das Sommergemüse darauf anrichten. Mit dem Kräuterpesto servieren.

Polenta schmeckt zu jeder Jahreszeit …

in verschiedenen Variationen sehr lecker. So kannst du zum Beispiel immer saisonales Gemüse dazu braten und auch die Polenta mit der Schale von Zitrusfrüchten, Kräutern oder gerösteten und zerstoßenen Nüssen verfeinern.

Vorbereitungszeit: 15 Minuten – Zubereitungszeit: 10 Minuten
Für 2 Personen

»Sommer ist die Zeit, in der es zu heiß ist, um das zu tun, wozu es im Winter zu kalt ist.«

Mark Twain mochte den Sommer wohl nicht – aber ich habe mit der Hitze kein Problem. Der Sommer macht mich lebendig und riecht für mich nach Erdbeerquark und Freibad. In unserer Umgebung gibt es viele wunderschöne Seen, die nur darauf warten, von uns erobert zu werden – meine Kinder lieben diese Ausflüge und die Möglichkeiten, die uns die umliegende Natur bietet. Im Sommer bin ich fast ausschließlich mit dem Rad unterwegs, vor allem mit meinem Lastenrad, das ich mit den schönsten Produkten von unserem Münstermarkt belade.

Mit dem Sommer verbinde ich auch unsere Liebe zu Italien – plötzlich sind wir alle verrückt nach Lasagne, cremiger Burrata und den vielen anderen italienischen Klassikern. Wir verbringen dort gern unseren Urlaub, denn das italienische Lebensgefühl in den kleinen Städtchen, den Trattorien und dieses Dolce-Vita-Gefühl machen einfach gute Laune. Freiburg hat im Sommer viel von diesem mediterranen Lebensgefühl. Das Leben findet draußen statt, die Menschen leben draußen – sie treffen sich auf dem Markt oder halten ihre Füße in eines der Freiburger Bächle – mit einem schönen Glas Wein in der Hand. Die große Liebe zum Genuss ist im Sommer in dieser Stadt allgegenwärtig. Auch die Nähe zu Frankreich ist wegen der Produktvielfalt zu dieser Jahreszeit besonders präsent.

Für einen Koch ist der Sommer wie die bunte Farbpalette eines Malers – alles ist da und man braucht nur zuzugreifen. Beim Einkauf achte ich soweit möglich auf Regionalität. Ich habe feste Stände, die ich ansteuere, weil ich dort die Produkte anfassen und riechen kann, die beste Qualität erhalte und besondere Empfehlungen bekomme. Glaubt mir, es ist ein großer Unterschied, wenn ich weiß, woher mein Gemüse kommt und wenn mir der Bauer oder die Bäuerin beim Einkauf noch eine kleine Anekdote erzählt. Dadurch wird die Zubereitung bewusster und ich kann die Lebensmittel ganz anders wertschätzen.

Ein Besuch auf dem Markt ist im Sommer ein echtes Highlight. Die Vielfalt ist einfach unglaublich und die Farben und frischen Aromen machen gute Laune. Man muss sich im Sommer auf dem Freiburger Münstermarkt schon seinen Weg durch die Menschenmenge bahnen, weil die vielen schönen Stände nicht nur Einheimische, sondern auch zahlreiche Touristen anlocken.

Die Tomatenstapel mit leuchtend roten und gelben Früchten stechen sofort ins Auge. Daneben liegen die knackigen Gurken, die perfekt sind, um der Sommerhitze zu trotzen. Grüne Bohnen, schlank und zart, warten darauf, in einem frischen Salat oder als knackige Beilage serviert zu werden. Paprika in Rot, Gelb und Grün, Zucchini in verschiedenen Formen und viele andere Gemüsesorten lassen eine gesunde Küche leicht von der Hand gehen und es macht großen Spaß, mit dieser überwältigenden Frische zu kochen.

Der süße Teil des Sommers zeigt sich in Form von Melonen, Nektarinen und Pfirsichen, die ich zu unserem absoluten Lieblingssalat verarbeite – in einer Kombination mit Burrata und Tomaten. Diese Verbindung aus Obst und Gemüse bzw. Süße und Säure mag ich sehr, denn sie ist gerade im Sommer herrlich erfrischend. Und sonst? Beeren überall. Meine Kinder lieben sie – Himbeeren, Blaubeeren und Erdbeeren für leckere und gesunde Nachspeisen oder einfach so zum Naschen. Im Sommer ist für mich der Marktgang eine echte Inspiration.

SOMMERLICHES OFENGEMÜSE MIT KRÄUTERPESTO

Für das Ofengemüse

- 1 mittelgroße gelbe oder grüne Zucchini
- 1 Aubergine
- 1 rote Paprika
- 1 gelbe Paprika
- 1 Knoblauchzehe
- 1 Biozitrone
- ½ TL Salz
- 1 große Prise Pfeffer
- 4 EL Olivenöl
- 1 Prise Piment d'Espelette oder Chilipulver
- Kräuterpesto (siehe S. 81)

Zubereitung

- Für das Ofengemüse alle Gemüsesorten waschen. Zucchini und Aubergine in Scheiben schneiden. Die Paprika vierteln, entkernen, die Schale mit einem Sparschäler abschälen und das Fruchtfleisch in grobe Stücke schneiden.

- Den Backofen auf 200 °C (Umluft) vorheizen. Das Gemüse in eine Schüssel geben. Den Knoblauch schälen, fein hacken und unter das Gemüse mischen. Die Schale der Zitrone abreiben und den Saft auspressen. Schale, Saft, Salz, Pfeffer und Olivenöl mit den Händen unter das Gemüse mischen. Das Gemüse auf einem Backblech oder in einer Auflaufform verteilen und etwa 25 Minuten im vorgeheizten Ofen garen.

- Das Gemüse aus dem Ofen nehmen, mit Piment d'Espelette oder Chilipulver bestreuen und mit dem Pesto zusammen servieren.

Ofengemüse kann zu jeder Jahreszeit …

mit den verschiedensten Gemüsesorten auf diese Art zubereitet werden.

Vorbereitungszeit: 25 Minuten – Zubereitungszeit: 25 Minuten
Für 2 Personen

AUBERGINEN AUS DEM OFEN MIT HONIG UND JOHANNISBEEREN

Für das Auberginengemüse

- 2 Auberginen
- ½ TL Salz
- 1 große Prise Pfeffer
- 6 EL Olivenöl
- 2–3 Zweige Rosmarin
- 2–3 Zweige Thymian
- 2 Knoblauchzehen
- 2–3 EL Honig
- 1 Prise Meersalzflocken, optional geräuchert
- 150 g Johannisbeeren

Für die Joghurtsauce

- 150 g Joghurt
- 1 Prise Salz
- 1 Prise Pfeffer
- 1 Prise gemahlener Kreuzkümmel
- einige Zweige Minze

Zubereitung

- Für das Auberginengemüse den Backofen auf 180 °C (Umluft) vorheizen. Die Aubergine der Länge nach vierteln, das Fruchtfleisch rautenförmig einritzen und mit Salz und Pfeffer bestreuen sowie mit reichlich Olivenöl einpinseln. Die Kräuterzweige dazulegen. Den Knoblauch schälen und andrücken, dann dazulegen. Den Honig darüberträufeln und alles mit (geräucherten) Meersalzflocken bestreuen. Im vorgeheizten Ofen etwa 25 Minuten backen. Die Johannisbeeren mit der Rispe 5 Minuten vor Ende der Garzeit dazulegen.

- Für die Sauce den Joghurt in einer Schüssel cremig rühren. Salz, Pfeffer und Kreuzkümmel unterrühren. Die Minzeblätter von den Stängeln abzupfen, mit dem Messer in feine Streifen schneiden und unterrühren.

Vorbereitungszeit: 25 Minuten – Zubereitungszeit: 25 Minuten
Für 4 Personen

MELONEN-TOMATEN-GAZPACHO

Zutaten

- 1 Charentais- oder Cavaillon-Melone (700 g, geschält und entkernt ca. 450 g)
- 300 g sehr reife Tomaten
- 1 Zitrone
- 2 EL Sekt oder Prosecco
- 8 Cherrytomaten
- 1 Zweig Minze
- einige Blätter Basilikum
- 1 Prise Salz
- 1 Prise Piment d'Espelette oder Chilipulver
- 4 EL Olivenöl plus etwas mehr zum Verfeinern

Zubereitung

- Die Melone halbieren, entkernen und schälen. Mit einem Eisportionierer einige Kugeln als Einlage ausstechen und beiseitelegen. Das restliche Fruchtfleisch grob würfeln. Von den reifen Tomaten den Strunk entfernen und die Tomaten grob würfeln. Die Zitrone auspressen und die Hälfte des Safts mit Melone, Tomaten und Sekt pürieren.

- Die Cherrytomaten halbieren. Minze- und Basilikumblätter von den Stielen zupfen und grob hacken. Einen Teil zum Garnieren beiseitelegen, die übrigen Blätter in die Suppe geben. Salz, Piment d'Espelette, übrigen Zitronensaft und Olivenöl ebenfalls zufügen und nochmals durchmixen. Für mindestens 2 Stunden in den Kühlschrank stellen. Die Melonenkugeln und die Cherrytomaten als Einlage in die Suppe legen. Mit Olivenöl und gehackten Kräutern verfeinern.

Nicht die passende Melone gefunden?

Probiere das Rezept mit Wassermelone oder vollreifen Fleischtomaten.

Vorbereitungszeit: 30 Minuten – Zubereitungszeit: 15 Minuten – Kühlzeit: 2 Stunden
Für 4 Personen als Vorspeise

TARTE VON TOMATEN UND ZIEGENKÄSE

Zutaten

- 1 Rolle Blätterteig
- 2 EL Oliventapenade
- 2 EL Paniermehl
- 6–8 bunte Tomaten (ca. 500 g)
- 100 g Ziegenkäserolle
- 2–3 frische Kräuterzweige, z. B. Rosmarin, Thymian oder Oregano
- 1–2 TL Honig
- ¼ TL Salz
- 2 TL Olivenöl
- 1 TL Meersalzflocken
- frisch gemahlener Pfeffer

Zubereitung

- Den Backofen auf 220 °C (Umluft) vorheizen. Den Blätterteig mit dem Papier ausrollen und in eine Tarteform setzen. Den überschüssigen Rand abschneiden und in der Tarteform verteilen. Den Teig an den Rändern gut andrücken.

- Den Boden mit der Tapenade bestreichen und anschließend mit dem Paniermehl bestreuen. Von den Tomaten den Strunk entfernen und die Tomaten in 5 mm dicke Scheiben schneiden, dann fächerartig auf den Teigboden legen. Den Ziegenkäse mit Küchenpapier trocken tupfen, in Stücke zupfen und diese auf den Tomaten verteilen.

- Die Blätter der Kräuter vom Stängel zupfen, fein hacken und über die Tarte streuen. Den Honig kreisförmig darauf verteilen und mit dem Salz bestreuen.

- Die Tarte 15 Minuten im vorgeheizten Ofen backen, dann die Temperatur auf 180 °C herunterschalten und weitere 10 Minuten backen. Aus dem Ofen nehmen und etwas abkühlen lassen, dann aus der Form heben.

- Die Tarte mit Olivenöl beträufeln und mit Meersalzflocken und Pfeffer bestreut servieren.

Vorbereitungszeit: 30 Minuten – Zubereitungszeit: 25 Minuten
Für 1 Tarteform (24 cm Durchmesser)

OFENAPRIKOSEN MIT ROSMARIN-VANILLECREME

Für die Aprikosen

- 6 Aprikosen (ca. 400 g)
- 1 EL Aprikosenlikör oder Orangensaft
- 1 TL Honig
- 1 Zweig Rosmarin

Für die Rosmarin-Vanillecreme

- 150 ml Milch
- 20 g Speisestärke
- 150 g Sahne
- 1 Eigelb
- 40 g Zucker
- 2 Päckchen Vanillezucker
- 1 Prise Salz
- 2 Zweige Rosmarin, grob gehackt
- 100 g Sahne, steif geschlagen

Zubereitung

- Den Backofen auf 160 °C (Ober- und Unterhitze) vorheizen. Die Aprikosen halbieren, entsteinen und vierteln. In eine Auflaufform legen und mit Aprikosenlikör oder Orangensaft sowie Honig und Rosmarin vermengen. Im vorgeheizten Ofen etwa 25 Minuten garen. Herausnehmen und abkühlen lassen.

- Für die Creme etwa 50 ml von der Milch abnehmen und mit der Speisestärke verrühren. Dann mit übriger Milch und Sahne mischen. Eigelb, Zucker, Vanillezucker, Salz und gehackte Rosmarinnadeln mit der Milchmischung in einen Topf geben und alles langsam zum Kochen bringen, bis die Flüssigkeit cremig wird. Durch ein Sieb in eine Schüssel streichen und die Creme abgedeckt im Kühlschrank durchkühlen lassen.

- Die Schlagsahne steif schlagen und unter die Creme heben. Die Aprikosen in ein Glas füllen und die Creme darauf anrichten.

Vorbereitungszeit: 20 Minuten – Zubereitungszeit: 25 Minuten – Kühlzeit 2 Stunden
Für 4 Personen als Dessert

QUARK-BEEREN-SCHMARRN

Zutaten

- 125 g Sahnequark (40 % Fett)
- 1 Päckchen Vanillezucker
- 20 g Speisestärke
- 1 kleine Zitrone
- 3 Eier
- 30 g Zucker
- 20 g Butter
- 200 g frische Beeren, z. B. Heidelbeeren, Brombeeren, Erdbeeren und/oder Himbeeren, Stachelbeeren
- 1 TL Puderzucker

Zubereitung

- Den Backofen auf 170 °C (Umluft) vorheizen. Den Quark mit Vanillezucker und Speisestärke mit dem Schneebesen sorgfältig in einer Schüssel verrühren. Die Zitrone auspressen und den Saft einrühren. Die Eier vorsichtig trennen und die Eigelbe unter die Quarkmasse rühren. Die Eiweiße mit dem Zucker steif schlagen und unter die Quarkmasse heben.

- Die Butter in einer ofenfesten Pfanne zerlassen. Die Quarkmasse in die Pfanne geben und etwa 3 Minuten bei schwacher Hitze backen. Der Schmarrn ist von unten fertig gebacken, wenn sich beim Rütteln an der Pfanne der Teig vom Rand löst. Die Beeren vorsichtig auf dem Schmarrn verteilen. Den Schmarrn in der Pfanne in den vorgeheizten Ofen schieben und 15 Minuten backen.

- Den Beerenschmarrn aus dem Ofen nehmen, mit Puderzucker bestäuben und warm servieren.

Bitte verwende hier nur …

frische Beeren, auf keinen Fall gefrorene Ware, sonst wird der Schmarrn zu feucht.

Vorbereitungszeit: 20 Minuten – Zubereitungszeit: 20 Minuten
Für 3–4 Personen

BLAUBEERMUFFINS MIT SCHMAND

Zutaten

- 100 g weiche Butter
- 100 g Zucker
- 1 Ei
- 200 g Mehl
- 1 TL Backpulver
- 1 Prise Salz
- 300 g Blaubeeren
- 200 g Schmand
- 50 g Zucker
- 1 TL Vanillezucker
- 1 Ei

Zubereitung

- Den Backofen auf 200 °C (Ober- und Unterhitze) vorheizen und ein Muffinblech mit Papierförmchen auslegen. Butter und Zucker in einer Schüssel mit dem Handrührgerät schaumig schlagen. Das Ei unterrühren und dann Mehl, Backpulver und Salz untermengen. Den Teig in die Muffinförmchen geben.

- Die gewaschenen und abgetropften Blaubeeren darauf verteilen und leicht in den Teig drücken. Das Muffinblech auf die unterste Schiene in den vorgeheizten Ofen stellen und die Muffins darin etwa 25 Minuten backen.

- Inzwischen den Schmand mit den restlichen Zutaten verrühren. Die Muffins aus dem Ofen nehmen, leicht abkühlen lassen und mit dem vorbereiteten Schmand servieren.

Wenn du magst, ...

kannst du grob geraspelte Schokolade unter den Teig rühren oder andere Früchte verwenden.

Vorbereitungszeit: 20 Minuten – Zubereitungszeit: 25 Minuten
Für 6 Muffins

HERBST

SÜSSKARTOFFELPÜREE MIT GLASIERTEN BIRNEN

Zutaten

- 2 Schalotten
- 1 Knoblauchzehe
- 300 g Kürbis, z. B. Hokkaido oder Muskat
- 5 EL Olivenöl
- 250 ml Wasser
- ¼ TL Salz
- 300 g Süßkartoffeln
- 2 EL Kürbiskerne
- 2 feste Birnen, z. B. Conference
- 1 Prise Zucker
- 1–2 Zweige Thymian
- 15 g Butter
- 1 Prise Piment d'Espelette
- 1 Prise Meersalzflocken

Zubereitung

- Schalotten und Knoblauch schälen und grob hacken. Den Kürbis halbieren, die Kerne mit einem Löffel herausschaben und in 2 x 2 cm große Stücke schneiden. 2 Esslöffel Olivenöl in einem Topf erhitzen und die Kürbiswürfel darin etwa 3 Minuten braten. Dann die Schalotten zufügen und etwa 2 Minuten mitbraten und anschließend den Knoblauch 1 Minute mitrösten. Das Wasser aufgießen und das Salz zufügen.

- Inzwischen die Süßkartoffeln schälen, in ebenso große Stücke schneiden und dazugeben. Das Gemüse dünsten, bis es weich ist und zerfällt. Dann in einem Mixer oder mit Hilfe eines Stabmixers zu einem feinen Püree verarbeiten.

- Die Kürbiskerne mit 1 Esslöffel Olivenöl in einer Pfanne 3–4 Minuten bei mittlerer Hitze rösten, bis die Kerne leicht zu knacken beginnen. Mit einem Schaumlöffel aus der Pfanne nehmen und beiseitestellen. Die Pfanne nun für die Birnen verwenden.

- Die Birnen schälen und in Spalten schneiden. Das restliche Olivenöl in der Pfanne erhitzen und die Birnenspalten hineinlegen. Mit dem Zucker bestreuen und pro Seite etwa 2 Minuten golden anbraten. Den Thymianzweig dazulegen und mitbraten. Die Butter in Flocken zufügen und aufschäumen lassen. Dabei die Hitze reduzieren, damit die Butter nicht verbrennt. Die Birnen mit Piment d'Espelette und Meersalzflocken bestreuen. Alles auf Tellern anrichten und servieren.

Vorbereitungszeit: 25 Minuten – Zubereitungszeit: 20 Minuten
Für 4 Personen als Vorspeise

BLUMENKOHL VOM BLECH MIT TAHINI-SAUCE

Zutaten

- 1 mittelgroßer Blumenkohl
- 1 Zitrone
- 3–4 EL Olivenöl
- 1 große Prise Zucker
- 1 Prise Salz
- 1 EL Sesam
- 1 Bund Petersilie
- 50 g Haselnüsse
- 2 TL Za'tar
- 2 EL Tahini
- ¼ TL Meersalzflocken

Zubereitung

- Den Backofen auf 200 °C (Umluft) vorheizen. Den Blumenkohl in Röschen zerteilen, waschen und gut abtropfen lassen. Die Zitrone auspressen. Die Blumenkohlröschen in eine Schüssel geben und mit Olivenöl, Zucker, Salz und Zitronensaft vermengen. 5 Minuten marinieren, dabei immer wieder mit den Händen mischen. Die marinierten Röschen auf ein Blech geben und etwa 30 Minuten im vorgeheizten Ofen goldgelb backen.

- Währenddessen den Sesam in einer heißen Pfanne ohne Fett etwa 3 Minuten goldgelb rösten. Die Petersilie mit Stielen grob hacken. Die Haselnüsse in eine Form geben und etwa 8 Minuten im Backofen mitrösten. Herausnehmen, leicht abkühlen lassen und im Mörser grob zerstoßen.

- Den Blumenkohl vor dem Servieren mit Sesam, Za'tar, Petersilie und Haselnüssen bestreuen. Das Tahini darüber verteilen und Meersalzflocken daraufstreuen.

Vorbereitungszeit: 20 Minuten – Zubereitungszeit: 30 Minuten
Für 2 Personen

GEBRATENER REIS MIT GEMÜSE

Zutaten

- 300 g Jasminreis
- 2 Petersilienwurzeln
- 2 Karotten
- 1 kleine Zucchini
- 200 g Spinat
- 1 Zwiebel
- 6 Cherrytomaten
- 100 g Trauben
- 2–3 Radieschen
- 1 kleiner Mangold
- 2 Eier
- 1 TL + 1 EL Sojasauce
- 4 EL Sonnenblumenöl plus mehr zum Beträufeln
- 1 Prise Zucker
- 1 Prise Salz
- 1 Prise frisch gemahlener Pfeffer
- 1 TL Sesamöl
- frische Kräuter, z. B. Minze, Koriander, Schnittlauch und Petersilie

Zubereitung

- Den Reis am Vortag zubereiten. Dazu den Reis mehrmals gut waschen, bis das Wasser nicht mehr trüb ist. 500 ml Wasser zum Kochen bringen. Den Reis hineingeben und 5 Minuten unter Rühren köcheln lassen, bis das Wasser nicht mehr zu sehen ist. Dann den Herd ausschalten und den Reis 20 Minuten zugedeckt ziehen lassen. Zum Auskühlen mit einer Gabel auflockern und auf ein Backblech geben. Ist der Reis abgekühlt, am besten in ein Gefäß füllen und bis zum nächsten Tag in den Kühlschrank stellen.

- Petersilienwurzeln und Karotten schälen und in dünne Scheiben schneiden. Die Zucchini waschen und in 1 x 1 cm große Würfel schneiden. Den Spinat waschen und grobe Stiele abzupfen. Die Zwiebel schälen und in Sechstel schneiden, die einzelnen Schichten auseinanderziehen. Cherrytomaten und Trauben halbieren. Die Radieschen in Spalten schneiden. Den Mangold in 2 cm große Stücke hacken. Die Eier mit 1 Teelöffel Sojasauce in einer Schüssel sorgfältig verquirlen.

- Das Öl in einer großen Pfanne oder in einem Wok auf hoher Stufe erhitzen. Die Eimischung hineingeben und unter ständigem Rühren leicht stocken lassen. Zuerst den Reis zufügen, mit dem Ei verrühren, dann das Gemüse und die Trauben zugeben. Nochmals ein paar Spritzer Öl darübergeben, den Zucker darüberstreuen und alles auf mittlerer Stufe unter ständigem Rühren 2 Minuten braten. 1 Esslöffel Sojasauce sowie Salz und Pfeffer hinzufügen, alles gut umrühren, und etwa 2 Minuten weiterbraten. Das Sesamöl darüberträufeln und den Gemüsereis mit frisch gehackten Kräutern bestreut servieren.

Besonders frisch schmeckt der gebratene Reis, …
wenn du kurz vor dem Servieren ein paar Spritzer frischen Limettensaft darübergibst.

Vorbereitungszeit: 20 Minuten – Zubereitungszeit: 10 Minuten
Für 2 Personen

KARTOFFELGRATIN

Zutaten

- 1 kg vorwiegend festkochende Kartoffeln, z. B. Laura oder Agria
- Butter zum Einpinseln
- 1–2 Knoblauchzehen
- 500 g Sahne
- 1 TL Salz
- 1 große Prise frisch geriebene Muskatnuss
- frisch gemahlener Pfeffer (optional)

Zubereitung

- Die Kartoffeln schälen und in eine Schüssel mit kaltem Wasser legen. Eine mittlere Auflaufform mit Butter einpinseln. Den Knoblauch hineinpressen und die Form damit ausreiben. Sahne, Salz, Muskatnuss und eventuell Pfeffer in einem Becher vermengen.

- Den Backofen auf 180 °C (Umluft) vorheizen. Die Kartoffeln in 3 mm dicke gleichmäßige Scheiben schneiden und gleichmäßig flach in die Form schichten. Die gewürzte Sahne darübergießen und den Auflauf etwa 40–50 Minuten im Ofen backen.

Wenn es mal etwas schneller gehen soll, …

kannst du die Garzeit um 10 Minuten verkürzen, indem du die Sahne mit Salz, Muskat und eventuell Pfeffer aufkochst und heiß über den Auflauf gießt.

Vorbereitungszeit: 30 Minuten – Garzeit: 50 Minuten
Für 3–4 Personen

KÜRBISRISOTTO MIT CHILI-ÖL

Für den Kürbisrisotto

- 200 g Kürbis, z. B. Hokkaido
- 2 Schalotten
- 1 Knoblauchzehe
- 4 EL Olivenöl
- 150 g Risottoreis, z. B. Carnaroli
- 100 ml Weißwein
- 500 ml heiße Gemüsebrühe
- ½ Vanilleschote
- 100 g Parmesan, gerieben
- 20 g Butter, gewürfelt
- ½ Peperoni oder Chili (je nach Schärfegrad)
- 1 Prise Salz
- 1 Prise Pfeffer

Für das Chili-Öl

- ½ Peperoni oder Chili (je nach Schärfegrad)
- 2 EL Sonnenblumenöl
- ¼ TL geröstetes Chilipulver

Zubereitung

- Den Kürbis halbieren, vierteln, die Kerne mit einem Löffel herausschaben und das Kürbisfleisch in 2 x 2 cm große Würfel schneiden. Schalotten und Knoblauch schälen und fein würfeln. Das Olivenöl in einem Topf auf kleiner Stufe erhitzen und die Kürbiswürfel etwa 2 Minuten darin braten. Schalotten und Knoblauch zufügen. Dann den Risottoreis zugeben und mitrösten, bis die Reiskörner von außen glasig sind. Alles mit dem Weißwein ablöschen und einköcheln lassen.

- Die Mischung mit einem Teil der heißen Brühe bedecken und sanft köcheln lassen. Die Vanilleschote längs halbieren, das Mark auskratzen und Mark sowie ausgekratzte Schote in den Topf geben. Wenn der Reis die Brühe aufgesogen hat, weitere Brühe aufgießen. Den Vorgang 4–5-mal wiederholen, bis der Reis weich ist, aber noch einen leichten Biss hat.

- Kurz vor dem Servieren zunächst den geriebenen Parmesan und dann die Butter unterrühren. Die Vanilleschote entfernen. Die Peperoni entkernen, fein hacken und ebenfalls unterrühren. Den Risotto mit Salz und Pfeffer abschmecken.

- Für das Chili-Öl, die Peperoni oder Chili in Ringe schneiden. Das Sonnenblumenöl in einer Pfanne auf kleiner Stufe erhitzen und Chilipulver und geschnittene Chilischote darin einige Minuten ziehen lassen.

Natürlich kann die Chili …

auch weggelassen werden. Wichtig ist mir, dass du weißt, wie ein Risotto zubereitet wird.

Vorbereitungszeit: 20 Minuten – Zubereitungszeit: 25 Minuten
Für 2 Personen

Man spürt es sofort, wenn in Freiburg der Herbst anrollt – die Stadt verändert sich wie ein schönes Gemälde, an dem die Natur immer wieder den Pinsel ansetzt. Warme Farben überziehen die Stadt – orange, rot und gold – auch in dieser Jahreszeit wird es bunt. Auch wenn ich mit leichter Melancholie dem Sommer hinterherschaue, mag ich den Herbst. Freiburg macht es einem einfach leicht, auch in dieser Zeit. Der sommerliche Trubel weicht einer gewissen sanften Gemächlichkeit – alles wird ein bisschen langsamer. Die Schatten werden länger, es raschelt unter den Füßen und die Natur gibt noch einmal alles, bevor sie sich in den Winterschlaf verabschiedet.

Meine Stadt zeigt sich im Herbst nicht nur in schönster Postkartenidylle, sondern auch auf dem Markt wird noch einmal aus dem Vollen geschöpft. Kürbisse in allen Varianten und Farben, so schön wie gemalte Stillleben, knackige Äpfel, Birnen, Süßkartoffeln und selbstverständlich … Pilze. Sie verkörpern die Erdigkeit des Waldes, den Boden mit all seiner Kraft und es gibt kaum etwas Schöneres, als das Erfolgserlebnis eines selbstgefüllten Pilzkorbes. Wobei ich trotzdem sehr froh bin, dass ich auf meine tollen Bezugsquellen auf dem Markt zählen kann.

Meine Gerichte werden nun kompakter, würziger und wärmender. Suppen oder Ofengemüse sind schnell gemacht, gesund und perfekt, um das bunte Herbstgemüse unkompliziert auf den Teller zu zaubern. Meine Kinder lieben diese einfachen Gerichte und auch für Freunde bereite ich sie gern zu. Dazu einen schönen badischen Wein, in gemütlicher Runde gute Gespräche führen, Kerzen anzünden und gelassen dem Winter entgegensehen. So schön kann der Herbst sein.

KARTOFFELSUPPE MIT APFELKÜCHLE

Für die Suppe

- 2 mittelgroße Zwiebeln (ca. 170 g)
- ½ Stange Lauch
- 1 Karotte (ca. 80 g)
- ¼ Stück Sellerieknolle (ca. 200 g Sellerie)
- 700 g mehligkochende Kartoffeln, z. B. Agria oder Augusta
- 2 Knoblauchzehen
- 2 EL Butter
- 4 EL Olivenöl
- 50 ml Weißwein
- 1,2 l Gemüsebrühe
- ½ TL Salz
- 1 Prise weißer Pfeffer
- 200 ml Milch
- 1 Prise frisch geriebene Muskatnuss
- frische Petersilie

Für die Apfelküchle

- 2 Eier
- 1 EL Zucker
- 120 ml Milch
- 80 g Mehl
- 1 Prise Salz
- 1 TL Zimtpulver
- 2 mittelgroße Äpfel (ca. 180 g)
- 20 g Butter

Zubereitung

- Für die Suppe die Zwiebeln schälen und würfeln. Den Lauch in 2 x 2 cm große Stücke, Karotte und Sellerie in 2 x 2 cm große Würfel schneiden. Die Kartoffeln schälen, würfeln und in Wasser legen. Den Knoblauch schälen und mit dem Messer andrücken.

- Die Butter mit dem Olivenöl in einem großen Topf erhitzen und Zwiebeln, Lauch und Gemüsewürfel etwa 5 Minuten darin dünsten. Die Hälfte der Gemüsewürfel herausnehmen und beiseitestellen. Die Kartoffelwürfel in den Topf geben und kurz mitgaren.

- Alles mit dem Weißwein ablöschen und diesen einkochen lassen. Die Mischung mit der Gemüsebrühe auffüllen. Mit Salz und Pfeffer würzen und alles bei kleiner Hitze etwa 20 Minuten köcheln lassen, bis das Gemüse gar ist. Die Milch angießen und weitere 5 Minuten köcheln lassen.

- Die Suppe mit einem Stabmixer pürieren. Mit Salz, Pfeffer und Muskatnuss abschmecken. Die Petersilienblätter vom Stiel zupfen, grob hacken und darüberstreuen.

- Für die Apfelküchle die Eier mit dem Zucker verquirlen. Die Milch mit einem Schneebesen einrühren, das Mehl durch ein Sieb zugeben und unter ständigem Rühren einarbeiten. Salz und Zimt zufügen. Den Teig einige Minuten quellen lassen.

- Die Äpfel grob reiben und über einem Sieb gut ausdrücken, um den Saft zu entfernen. Dann das Fruchtfleisch in den Teig geben und gut einarbeiten.

- Die Butter in einer Pfanne auf mittlerer Stufe erhitzen und mit einem Löffel 5 cm große Küchle hineingeben. Goldgelb von beiden Seiten ausbacken. Die Küchle herausnehmen und auf Küchenpapier abtropfen lassen. Sofort servieren oder im Backofen bei 120 °C warm halten.

Statt Butter kannst du auch ...

Sonnenblumenöl zum Braten verwenden. In dem Fall zusätzlich die Butter in kleinen Flöckchen nach dem Wenden in die Pfanne geben und aufschäumen lassen.

Vorbereitungszeit: 30 Minuten – Zubereitungszeit: 40 Minuten
Für 4 Personen

LINSEN-DAL
MIT PAK CHOI

Zutaten

- 2 mittelgroße Zwiebeln
- 2–3 Knoblauchzehen
- 3 EL Butter
- 400 ml Kokosmilch
- 400 ml passierte Tomaten
- 1 kleines Stück Ingwer (ca. 1 cm)
- 150 g rote Linsen
- 1 TL Garam Masala
- 2 TL gemahlener Kreuzkümmel
- 1 TL Salz
- ½ Biozitrone
- 1 kleines Bund Koriander
- 2 Pak Choi
- 2 EL Sonnenblumenöl
- 1 TL Sesamöl
- 1 Prise Salz

Zubereitung

- Zwiebel und 1–2 Knoblauchzehen schälen und fein würfeln. Die Butter in einem Topf erhitzen und Zwiebeln und Knoblauch darin 2–3 Minuten bei mittlerer Hitze glasig anschwitzen. Kokosmilch (1–2 EL zurückbehalten) und passierte Tomaten zugießen. Den Ingwer fein reiben. Linsen, Ingwer, Garam Masala und Kreuzkümmel einrühren und alles etwa 20–25 Minuten sanft köcheln lassen. Das Salz hinzugeben und die Zitrone auspressen. Das Dal mit Zitronensaft abschmecken. Den Koriander grob hacken und darüberstreuen.

- Die Pak Choi halbieren, größere Köpfe vierteln. Das Sonnenblumenöl in einer Pfanne erhitzen und die Pak-Choi-Hälften von beiden Seiten darin etwa 2 Minuten braten. Den übrigen Knoblauch schälen, fein hacken und knusprig mit anbraten. Das Sesamöl zum Aromatisieren darüberträufeln und den Pak Choi mit Salz würzen. Zum Anrichten die restliche Kokosmilch über das Dal träufeln und den Pak Choi darauflegen.

Vorbereitungszeit: 25 Minuten – Zubereitungszeit: 25 Minuten
Für 2 Personen

TAGLIATELLE MIT PILZRAHMSAUCE

Für die Tagliatelle
- 300 g Tagliatelle
- Salz
- 2 EL Olivenöl

Für die Sauce
- 2 Schalotten
- 1 Knoblauchzehe
- 200 g braune Champignons
- 200 g Pfifferlinge oder Kräuterseitlinge
- 2 EL Butter
- 3 EL Sonnenblumenöl
- 8 Salbeiblätter
- 50 ml Weißwein
- 250 g Sahne
- 2–3 EL Nudelwasser
- 1 Prise Meersalzflocken
- 1 große Prise schwarzer Pfeffer
- 40 g Parmesan

Zubereitung
- Die Nudeln in reichlich gesalzenem Wasser al dente kochen, dann abgießen und dabei das Nudelwasser auffangen. Die Nudeln mit dem Olivenöl mischen.

- Schalotten und Knoblauch schälen und fein hacken. Die Champignons mit einem Pinsel oder Küchenpapier putzen und in Scheiben schneiden.

- Butter und Öl zusammen in einer Pfanne auf mittelhoher Stufe erhitzen und die Pilze darin braten, bis sie goldgelb sind. Die Salbeiblätter dazulegen. Schalotten und Knoblauch zufügen und etwa 2 Minuten mitdünsten. Mit dem Weißwein ablöschen und diesen auf ein Drittel einkochen lassen. Die Sahne zugießen, einmal aufkochen, und so lange köcheln lassen, bis sich eine cremige Sauce bildet. Das Nudelwasser zufügen, damit die Sauce noch sämiger wird. Mit Meersalzflocken und Pfeffer abschmecken.

- Die Nudeln unter die Sauce mischen und den Parmesan darüberhobeln.

Eine schöne sämige Sauce erhältst du, …
wenn du das Kochwasser, das Salz und Stärke enthält, esslöffelweise an die Sauce gibst.

Vorbereitungszeit: 20 Minuten – Zubereitungszeit: 10 Minuten
Für 2 Personen

PENNE MIT KÜRBIS UND TOMATEN

Für die Penne

- 300 g Penne
- Salz
- 2 EL Olivenöl

Für den Kürbis

- 200 g Hokkaido-Kürbis
- 10 Cherrytomaten
- 1–2 Knoblauchzehen
- 2 EL Olivenöl
- ¼ TL Zucker
- 2–3 EL Nudelwasser
- 1–2 TL getrocknete italienische Kräutermischung
- Salz
- frisch gemahlener Pfeffer

Für den Pangrattato

- 50 g Semmelbrösel oder altbackenes Brot
- 2–3 EL Olivenöl
- 1 Prise Salz
- 1 Prise Piment d'Espelette

Zubereitung

- Die Nudeln in reichlich gesalzenem Wasser al dente kochen, dann abgießen, dabei etwas Nudelwasser aufbewahren. Die Nudeln mit dem Olivenöl mischen.

- Den Kürbis vierteln, die Kerne herausschaben und das Fruchtfleisch in dünne Spalten schneiden. Die Cherrytomaten halbieren. Den Knoblauch schälen und fein hacken.

- Das Olivenöl in einer Pfanne erhitzen und den Kürbis unter ständigem Rühren anbraten. Den Zucker darüberstreuen und den Kürbis leicht karamellisieren lassen. Den Knoblauch 1 Minute mitbraten, dann die Cherrytomaten dazugeben und mitbraten. Das Nudelwasser zugießen und alles zu einer sämigen Sauce einkochen.

- Währenddessen für den Pangrattato die Semmelbrösel mit dem Olivenöl in einer Pfanne goldgelb anrösten und mit Salz und Piment d'Espelette abschmecken.

- Die Sauce mit der italienischen Kräutermischung, Salz und Pfeffer verfeinern.

- Die Nudeln gut mit der Sauce vermischen und den Pangrattato darüberstreuen.

Vorbereitungszeit: 20 Minuten – Zubereitungszeit: 15 Minuten
Für 2 Personen

POCHIERTE BIRNE MIT SCHOKOLADENSAUCE

Für die Birnen
- 4 Birnen, z. B. Gute Luise
- 1 l Wasser
- 250 g Zucker
- 1 Zimtstange
- 2 Gewürznelken

Für die Schokoladensauce
- 70 g Sahne
- 100 g Kuvertüre
- ½ TL Rosa Pfefferbeeren
- Eiscreme nach Wahl zum Servieren

Zubereitung
- Die Birnen schälen und den Stiel dranlassen. Das Wasser mit Zucker, Zimtstange und Gewürznelken in einem Topf zum Kochen bringen. Die Birnen hineingeben und etwa 10 Minuten sanft mitköcheln lassen. Herausnehmen und abkühlen lassen. Den Fond sämig einkochen lassen und die Birnen damit später beträufeln bzw. glasieren.

- Für die Schokosauce die Sahne in einem Topf erhitzen. Die Kuvertüre fein raspeln und bei schwacher Hitze in der warmen Sahne auflösen.

- Die glasierten Birnen auf einem Teller anrichten und mit der Schokoladensauce beträufeln. Die Rosa Pfefferbeeren im Mörser zerstoßen und über die Birnen streuen. Mit ein oder zwei Kugeln Eiscreme servieren.

Zur Garprobe …
die Birnen mit einer Messerspitze vorsichtig einstechen, sie sollten noch leichten Widerstand haben.

Vorbereitungszeit: 15 Minuten – Zubereitungszeit: 15 Minuten
Für 4 Personen als Dessert

MOUSSE AU CHOCOLAT MIT FRISCHEN BEEREN

Zutaten

- 200 g Zartbitterkuvertüre (70 % Kakaoanteil)
- 3 Eier, getrennt
- 300 g Sahne
- 75 g Zucker
- 200 g Beeren
- frische Minzblätter

Zubereitung

- Die Kuvertüre fein hacken und in einer Schüssel über einem Wasserbad schmelzen. Das Eigelb mit dem Handrührgerät aufschäumen und mit der Kuvertüre verrühren. Die Sahne halbfest schlagen und unter die Masse heben.

- Das Eiweiß mit dem Zucker cremig steif schlagen. Die Schokoladenmasse langsam auf das Eiweiß geben und alles mit einem Teigspatel vorsichtig zu einer homogenen Mousse vermengen. Die Mousse in Schälchen oder Gläser abfüllen, mit Klarsichtfolie abdecken und für mindestens 3 Stunden in den Kühlschrank stellen. Mit Beeren und Minze servieren.

Probier mal …

verschiedene Varianten aus, zum Beispiel mit Espresso, Rum oder Orangenlikör. Jeweils 2 cl langsam unter das aufgeschlagene Eigelb rühren.

Vorbereitungszeit: 30 Minuten – Kühlzeit: 3 Stunden
Für 6 Personen (oder mehr) als Dessert

TOPFENKNÖDEL MIT BALSAMICO-ZWETSCHGEN

Für die Knödel
- ½ Kastentoastbrot
- ½ Biozitrone
- 20 g flüssige Butter
- 220 g Rahmtopfen (Quark, 50 % Fett in Trockenmasse)
- 1 Eigelb
- 1 Ei
- 30 g Puderzucker
- 1 EL Paniermehl
- 1 l Wasser
- Salz
- 1 Prise Zucker

Für die Balsamico-Zwetschgen
- 500 g Zwetschgen
- ¼ Biozitrone
- 80 g Zucker
- 50 ml Wasser
- 60 ml Rotwein
- 100 ml Aceto balsamico
- 1 Sternanis
- 1 Zimtstange
- 2 Gewürznelken
- 10 g Speisestärke (optional)

Für die Bröselbutter
- 40 g Butter
- 2 EL Panko-Paniermehl oder herkömmliches Paniermehl
- 3 TL Puderzucker

Zubereitung
- Das Toastbrot entrinden und in 1 cm große Würfel schneiden. Die Schale der Zitrone abreiben. Die Butter zerlassen und mit Quark, Eigelb, Ei, Puderzucker und der Hälfte der Zitronenschale glatt rühren. Toastbrotwürfel und Paniermehl vorsichtig unter die Masse heben und für eine halbe Stunde im Kühlschrank ruhen lassen.

- Die Zwetschgen halbieren, entsteinen und vierteln. Die Schale der Zitrone abreiben. Zucker und Wasser in einen kleinen Topf geben und zum Kochen bringen. So lange köcheln lassen, bis das Wasser verdunstet und der Zucker hellbraun ist, sodass ein Karamell entstanden ist. Mit Rotwein und Aceto balsamico ablöschen. Dann Sternanis, Zimt, Gewürznelken und Zitronenschale zugeben und alles zum Kochen bringen. Die Zwetschgen zufügen, die Temperatur reduzieren und im Sud gar ziehen lassen. Die Zwetschgen sollten nicht zu Kompott eingekocht werden. Den Saft optional mit etwas Speisestärke eindicken. Vor dem Servieren vollständig auskühlen lassen.

- Das Wasser mit Salz, übriger Zitronenschale und Zucker sprudelnd zum Kochen bringen. Aus der Masse mit dem Teelöffel kleine Nockerln oder Knödel abstechen und ins sprudelnd kochende Wasser geben. Die Hitze reduzieren und die Nockerln im siedenden Wasser etwa 5 Minuten ziehen lassen, bis sie gar sind und an der Oberfläche schwimmen.

- Während die Knödel gar ziehen, für die Bröselbutter die Butter in einer Pfanne auf mittlerer Stufe zerlassen und das Paniermehl einrühren. 2–3 Minuten rösten, dann den Puderzucker einrühren.

- Die Topfenknödel aus dem Wasser heben, abtropfen lassen und in der Bröselbutter wälzen. Mit den Balsamico-Zwetschgen auf Desserttellern anrichten.

Vorbereitungszeit: 30 Minuten – Zubereitungszeit: 30 Minuten – Ruhezeit: 30 Minuten
Für 6 Personen als Dessert oder kleine Mahlzeit

WINTER

TATAR VON ROTER UND GELBER BETE MIT MISOMAYO

Für das Tatar
- 4 mittelgroße Rote Beten
- 4 mittelgroße Gelbe Beten
- 100 g grobes Meersalz
- 1 EL Olivenöl
- 1 TL Kreuzkümmel
- 100 g Blattsalat

Für die Marinade
- 1 Knoblauchzehe
- 6 EL Condimento bianco (weißer Balsamicoessig)
- ½ TL Salz
- 1 Prise Pfeffer
- 8 EL Olivenöl
- 2–3 TL Mini-Kapern

Für die Misomayo
- 1 Biozitrone
- 150 ml ungesüßte Sojamilch
- Salz
- 1 TL körniger Senf
- 250 ml Sonnenblumenöl
- 1 TL Misopaste
- Pfeffer

Zubereitung
- Den Backofen auf 175 °C (Umluft) vorheizen. Die Beten gründlich waschen. Das Meersalz auf einem Backblech oder in einer Auflaufform verteilen. Die Beten daraufsetzen und mit dem Olivenöl beträufeln. Den Kreuzkümmel darüberstreuen. 50–70 Minuten (je nach Größe) im vorgeheizten Ofen garen. Herausnehmen, das Salz abwaschen und schälen. Das Fruchtfleisch fein würfeln.

- Für die Marinade den Knoblauch schälen, pressen und mit Condimento, Salz und Pfeffer verrühren. Dann das Olivenöl unterrühren und alles mit den Mini-Kapern vermischen. Rote-Bete-Würfel und Gelbe-Bete-Würfel separat mit einem Großteil der Marinade vermengen.

- In einer zweiten Schüssel den Blattsalat mit der restlichen Marinade vermengen.

- Für die Misomayo die Zitrone auspressen und die Schale fein abreiben. Die Sojamilch mit 2 Esslöffeln Zitronensaft und der Schale mischen. Salz und Senf sorgfältig unterrühren. Nach und nach das Sonnenblumenöl zugießen und mit dem Stabmixer zu einer homogenen Mayonnaise mixen. Die Misopaste einrühren, mit Salz und Pfeffer abschmecken und die Misomayo etwa 10 Minuten ziehen lassen.

Vorbereitungszeit: 70 Minuten – Zubereitungszeit: 30 Minuten
Für 2–3 Personen

KRAUTSALAT SOM-TAM-STYLE

Zutaten

- 1–2 Knoblauchzehen
- 1–2 Limetten
- 2 Chilischoten oder Peperoni
- 1–2 TL Kokosblütenzucker
- 1 Prise Salz
- 1 EL Fisch- oder Sojasauce
- 1 EL gehackter Ingwer
- 2 EL Sesamöl
- ½ Spitzkohl
- 1 Karotte
- 1–2 EL geröstete Erdnüsse

Zubereitung

- Den Knoblauch schälen und fein hacken. Die Limette auspressen. Eine Chilischote halbieren, entkernen und fein würfeln, die andere halbieren und in feine Streifen schneiden. Den Kokosblütenzucker mit Limettensaft, Salz, Fisch- oder Sojasauce, Knoblauch, Ingwer und gewürfelter Chilischote in einer Schüssel verrühren. Das Sesamöl einrühren. Den Spitzkohl in 2 x 2 cm große Stücke schneiden. Die Karotte schälen und in feine Streifen schneiden.

- Kohl, Karotte und in Streifen geschnittene Chili mit der Marinade in einer großen Schüssel vermengen und mit den Händen gut durchkneten. Die Erdnüsse im Mörser zerstoßen und über den Salat streuen.

Som Tam ist thailändischer grüner Papayasalat, …

doch ich verarbeite lieber regionalen Spitzkohl mit den entsprechenden weiteren Zutaten.

Vorbereitungszeit: 15 Minuten – Zubereitungszeit: 15 Minuten
Für 2–3 Personen

KÄSESPÄTZLE

Zutaten

- 1–2 rote Zwiebeln
- 80 g Raclettekäse
- 80 g Allgäuer Bergkäse
- 2 Eier
- 125 g Sahnequark
- Salz
- 150 g Mehl (Type 405 oder 550)
- 50 g Butter
- 2 EL Sonnenblumenöl
- 100 ml Gemüsebrühe oder Spätzle-Kochwasser
- Pfeffer
- frisch geriebene Muskatnuss
- 1 Bund glatte Petersilie

Zubereitung

- Die Zwiebeln schälen und in feine Streifen schneiden. Den Käse reiben. Die Eier mit Sahnequark und 1 Teelöffel Salz verrühren und einige Minuten ruhen lassen, damit die Spätzle eine goldgelbe Farbe bekommen. Dann das Mehl einsieben und alles zu einem Teig verrühren.

- Das gesalzene Wasser zum Kochen bringen. Den Teig mit dem Knöpflehobel oder der Spätzlepresse in das Wasser drücken. Das Wasser erneut zum Kochen bringen, dann die Spätzle herausnehmen und in einer Schüssel mit kaltem Wasser abschrecken.

- Währenddessen die Butter mit dem Öl in einer großen Pfanne auf mittlerer Stufe erhitzen und die Zwiebelstreifen darin anbraten. Die Spätzle abgießen, gut abtropfen lassen und in die Pfanne geben. Den Käse darüberstreuen und die Gemüsebrühe oder das Kochwasser über die Spätzle gießen, damit der Käse schmilzt. Einen Deckel auf die Pfanne setzen und den Käse etwa 5 Minuten bei schwacher Hitze schmelzen lassen. Gelegentlich umrühren. Mit Salz, Pfeffer und einer Prise Muskatnuss abschmecken. Die Petersilie hacken und darüberstreuen.

Zu Käsespätzle passt hervorragend …

ein knackiger Salat der Saison. Vier leckere Dressings findet ihr auf Seite 30–33.

Vorbereitungszeit: 30 Minuten – Zubereitungszeit: 15 Minuten
Für 2 Personen

ROSENKOHL-CURRY
MIT MARONEN AUS DEM OFEN

Zutaten

- 1 kg Rosenkohl
- 300 g geschälte gegarte Maronen
- 2 EL geröstetes Sesamöl
- 400 ml Kokosmilch
- 2 EL gelbe oder rote Currypaste
- 2–3 EL Fisch - oder Sojasauce
- 2 Knoblauchzehen
- 1–2 TL Kokosblütenzucker

Zubereitung

- Den Rosenkohl putzen und halbieren und mit den Maronen auf einem Backblech oder in einer Auflaufform verteilen. Das Sesamöl darüberträufeln und vermengen.

- Den Backofen auf 200 °C (Umluft) vorheizen. Die Kokosmilch mit Currypaste und Fisch- oder Sojasauce in einer Schüssel sorgfältig verrühren. Den Knoblauch schälen und fein hacken. Mit dem Kokosblütenzucker in die Kokosmilchmischung rühren und die Sauce über das Gemüse gießen. Das Curry im vorgeheizten Ofen etwa 30 Minuten backen.

Dazu passt sehr gut …

eine große Schale Reis von Seite 107, erster Schritt.

Vorbereitungszeit: 30 Minuten – Zubereitungszeit: 30 Minuten
Für 2 Personen

SCHWARZWURZEL-ORANGEN-SALAT

Zutaten

- 6 Schwarzwurzeln (ca. 400 g Gesamtgewicht)
- 1 Schuss Essig
- 1 TL Salz
- 1 große Prise Zucker
- 1 Bioorange
- 1 Schalotte
- 1 Knoblauchzehe
- 1 Zweig Rosmarin
- 100 g winterliche Blattsalate, z. B. Radicchio
- 2–3 EL Condimento bianco (weißer Balsamicoessig)
- 1 Prise frisch gemahlener Pfeffer
- 3–4 EL Olivenöl
- 1 kleines Bund Petersilie

Zubereitung

- Die Schwarzwurzeln unter fließendem Wasser gut abbürsten und waschen. Mit einem Gemüseschäler schälen und in Essigwasser legen.

- Wasser mit Salz und Zucker in einem Topf sprudelnd zum Kochen bringen. Die Schwarzwurzeln darin 3–4 Minuten (je nach Dicke) kochen. Sie sollten weich sein, aber noch einen bissfesten Kern haben. Die Wurzeln herausnehmen und abkühlen lassen. Dann in 1 cm dicke, schräge Scheiben schneiden.

- Die Orangenschale fein abreiben. Die Orange filetieren und aus den restlichen Häuten den Saft auspressen. Schalotten und Knoblauch schälen und in feine Würfel schneiden.

- Die Rosmarinnadeln abzupfen und fein hacken. Die Blattsalate waschen, putzen und klein zupfen.

- Den Orangensaft mit Condimento, Rosmarin, Schalotten, Knoblauch, Pfeffer und einer großen Prise Salz in einer kleinen Schüssel verrühren. Zuletzt mit dem Schneebesen das Olivenöl einrühren.

- Die Petersilienblätter vom Stängel zupfen und grob hacken. Die Schwarzwurzeln mit der Sauce vermengen und die Orangenfilets sowie Blattsalate und Petersilie vorsichtig untermischen. Mit Salz und Pfeffer abschmecken.

Vorbereitungszeit: 30 Minuten – Zubereitungszeit: 15 Minuten
Für 2 Personen

Als ambitionierter Marktgänger, Koch aus Leidenschaft und Outdoor-Mensch mit Liebe zu Aktivitäten in der Natur, ist der Winter für mich immer eine Challenge. Auf dem Markt gibt es nicht mehr diese große Auswahl und viele Menschen werden krank – ich gebe zu, der Winter kann mich schon nerven. Doch wenn Schnee fällt, es eisig wird und die Tage richtig knackig kalt und klar sind, dann ist es hier wunderschön. Das Licht ist dann ganz besonders, vor allem, wenn man oberhalb der Stadt steht und hinabsieht. Dann offenbart sich der Winter in seiner ganz eigenen Schönheit. Mit Schnee wird alles leiser.

Auf dem Teller tummelt sich jetzt alles, was im Winter schmeckt – Rosenkohl, Schwarzwurzel, Wirsing, Rote und Gelbe Bete und Maronen. Richtig schöne Käsespätzle fürs Gemüt, Schokolade und Zimt für die Seele – ein paar Kalorien mehr tun bei der Kälte einfach gut! (Abtrainieren kann man sie dann ja im Frühling.) Für mich sind asiatische Geschmacksnoten gerade im Winter sehr wichtig, denn ein gut gewürztes Curry wirkt an kalten Tagen Wunder. Außerdem ist in keiner Jahreszeit eine gute und gesunde Ernährung so wichtig wie im Winter, weil unser Immunsystem verstärkt gefordert ist. Heimische Gemüsesorten bieten alle wichtigen Nährstoffe, um fit durch die dunklen Monate zu kommen.

Auf dem Markt herrscht trotz der Kälte eine lebhafte Stimmung. Die Marktstände sind bunt geschmückt und bieten eine große Auswahl an winterlichen Produkten an. Jetzt finde ich an vielen Ständen robuste Wurzelgemüsesorten wie Karotten, Pastinaken und Rote Bete, die unter der Erde der Kälte trotzen. Neben ihnen liegen leuchtende Orangen und Granatäpfel, die dem grauen Winter Farbe und Süße schenken. Außerdem bekommt man jetzt Grünkohl und jede Menge Nüsse. Im Winter ist das Angebot von Gemüse und Früchten anders und wenn man sich der Regionalität verschreibt, dann ist die Auswahl auch kleiner. Aber ich finde das genauso reizvoll wie die Fülle in anderen Zeiten. Das Wissen, dass nicht immer alles verfügbar ist und jede Jahreszeit ihren ganz eigenen Ausdruck findet, macht das Kochen so lebendig und abwechslungsreich. So sehr ich den Winter manchmal verwünsche, so viele köstliche Möglichkeiten bietet er, sich mit Eintöpfen, Pürees und warmen Ofengerichten gesund und preiswert zu ernähren.

KNUSPRIGER TOPINAMBUR MIT SWEET-CHILI-MAYONNAISE

Für den Topinambur

- 350 g Topinambur
- ¼ TL Salz
- 3 EL Sonnenblumenöl
- 3 Zweige Thymian
- ½ TL Chiliflocken
- 1 Prise geräucherte Meersalzflocken (optional)

Für die Sweet-Chili-Mayonnaise

- 150 ml ungesüßte Sojamilch
- 2 EL Zitronensaft
- Salz
- 1 TL körniger Senf
- 250 ml Sonnenblumenöl
- 2 EL Sweet-Chili-Sauce
- 1 große Prise Pfeffer

Zubereitung

- Den Backofen auf 200 °C (Umluft) vorheizen. Den Topinambur waschen und in etwa 2 cm dicke Stücke schneiden. In einer Schüssel mit Salz und Öl vermengen. Die Thymianblätter von den Stängeln zupfen und dazugeben. Alle Zutaten gut verrühren und auf einem Backblech verteilen. Im vorgeheizten Ofen etwa 30 Minuten knusprig backen. Kurz vor dem Servieren die Chiliflocken und optional geräucherte Meersalzflocken darüberstreuen.

- Für die Sweet-Chili-Mayonnaise die Sojamilch mit dem Zitronensaft mischen. Eine gute Prise Salz und den Senf unterrühren. Das Sonnenblumenöl zugeben und alles mit dem Stabmixer zu einer homogenen Mayo mixen. Sweet-Chili-Sauce und Pfeffer einrühren und die Mayonnaise etwa 20 Minuten ziehen lassen. Noch einmal mit Salz und Pfeffer abschmecken. Zu dem gebackenen Topinambur servieren.

Vorbereitungszeit: 20 Minuten – Zubereitungszeit: 30 Minuten
Für 2 Personen

GEBRATENE PAD-THAI-NUDELN

Für die Reisnudeln
- 150 g getrocknete Reisnudeln (5 mm breit)
- 1 EL Sesamöl

Für die Sauce
- 1 TL Kokosblütenzucker
- 2 TL Tamarindenpaste
- 2 EL Fisch- oder Sojasauce
- 4 EL Austern- oder Pilzsauce
- 2 EL Wasser
- 1 TL Sweet-Chili-Sauce
- 1 Karotte
- 200 g Rosenkohl
- 200 g Rotkraut
- 1 Knoblauchzehe
- 3 EL Erdnussöl
- 2 Eier
- 1 TL Fisch- oder Sojasauce
- 1 TL Chiliflocken
- 30 g geröstete Erdnüsse
- 1 Limette

Zubereitung
- Die Nudeln mit kochendem Wasser übergießen und etwa 5 Minuten ziehen lassen, dann abschrecken und gut abtropfen lassen. Mit geröstetem Sesamöl vermengen, damit sie nicht aneinanderkleben.

- Für die Sauce alle Zutaten bis zur Sweet-Chili-Sauce in ein Glas mit Schraubverschluss geben, gut verschließen und kräftig schütteln.

- Die Karotte schälen und in feine Streifen hobeln. Den Rosenkohl putzen und die Blättchen abzupfen, bis das zarte Herz zum Vorschein kommt, und diese mit den Blättchen mischen. Vom Rotkraut den Strunk entfernen und das Kraut in feine Streifen hobeln oder schneiden. Den Knoblauch schälen und fein hacken.

- Das Erdnussöl in einer Pfanne auf mittlerer Stufe erhitzen und den Knoblauch darin goldgelb anbraten. Das vorbereitete Gemüse dazugeben und kurz mitbraten. Die Nudeln untermischen, dann sofort die Sauce einrühren und mischen. Die Eier in einer Schüssel mit der Fisch- oder Sojasauce verquirlen, sofort unter die warmen Nudeln mischen und leicht stocken lassen. Chiliflocken und gehackte Erdnüsse darüberstreuen.

- Die Limette in Spalten schneiden und separat dazu reichen. Vergiss nicht, die Limettenspalten vor dem Essen über den Nudeln auszudrücken.

Dieses Gericht eignet sich recht gut, ...
um den Kühlschrank aufzuräumen. Schau, welche Gemüsereste du hast und schneide sie zurecht. Schmeckt mega gut und du verschwendest keine Lebensmittel.

Vorbereitungszeit: 25 Minuten – Zubereitungszeit: 15 Minuten
Für 2 Personen

KRAUTFLECKERL

Zutaten

- 300 g Pasta, z. B. Farfalle
- Salz
- 2 EL Olivenöl
- 2 Schalotten
- 100 g Spitzkohl
- 100 g Schwarzkohl
- 200 g Kohlröschen
- 2 EL Sonnenblumenöl
- 1 EL Butter
- 1 TL Zucker
- 1 Prise Kümmelsamen
- 1 TL Weißweinessig
- 100 ml Gemüsebrühe
- 1 TL Salz
- 1 große Prise Pfeffer

Zubereitung

- Die Nudeln in reichlich gesalzenem Wasser al dente kochen, dann abgießen und mit etwas Kochwasser und Olivenöl mischen.

- Die Schalotten schälen und in feine Würfel schneiden. Vom Spitzkohl den Strunk entfernen und in 2 x 2 cm große Stücke schneiden. Den Schwarzkohl in fingerdicke Stücke schneiden. Den Strunk der Kohlröschen am unteren Ende abschneiden.

- Das Öl mit der Butter in einer Pfanne erhitzen, die Schalottenwürfel darin etwa 2 Minuten auf mittlerer Stufe andünsten. Spitzkohl, Schwarzkohl und Kohlröschen hinzugeben, mit Zucker und Kümmelsamen bestreuen und 2 Minuten weiterbraten. Mit dem Weißweinessig ablöschen und mit der Brühe aufgießen. Etwa 5 Minuten sanft zu einer sämigen Konsistenz einköcheln. Die Mischung mit 1 Teelöffel Salz und Pfeffer abschmecken.

- Die Nudeln in die Pfanne geben und sorgfältig mit der Sauce vermischen.

Natürlich kannst du anstelle verschiedener Kohlsorten ...
auch nur eine Kohlsorte oder andere für dieses leckere Gericht verwenden. Kohlröschen sind eine leckere Kreuzung aus Grün- und Rosenkohl.

Vorbereitungszeit: 30 Minuten – Zubereitungszeit: 15 Minuten
Für 2 Personen

WINTERGEMÜSEEINTOPF MIT KICHERERBSEN

Zutaten

- 150 g getrocknete Kichererbsen (oder 250 g Kichererbsen aus der Dose)
- 300 g mehligkochende Kartoffeln
- 2 mittelgroße Zwiebeln
- 1–2 Knoblauchzehen
- 200 g Knollensellerie
- 2 Karotten
- 3 EL Olivenöl
- 20 g Butter
- 100 ml Weißwein
- 800 ml Gemüsebrühe
- 1 Lorbeerblatt
- 100 g Spitzkohl
- 3–4 Blätter Schwarzkohl
- Salz
- 1 Prise Piment d'Espelette
- 2 EL Olivenöl

Zubereitung

- Die getrockneten Kichererbsen etwa 8 Stunden in reichlich Wasser einweichen. Das Wasser abgießen und die Kichererbsen 20–30 Minuten in einem Topf mit Wasser (ohne Salz) weich kochen. Alternativ Kichererbsen aus der Dose abgießen und abspülen. Die Kartoffeln schälen und in 2 x 2 cm große Würfel schneiden. Zwiebeln und Knoblauch schälen und fein würfeln. Sellerie und Karotten schälen und in Würfel oder Scheiben schneiden.

- Das Olivenöl mit der Butter in einem Topf auf mittlerer Stufe erhitzen, Karotten und Sellerie darin etwa 2 Minuten braten. Dann Zwiebeln und Knoblauch dazugeben und 1 weitere Minute anschwitzen. Mit dem Weißwein ablöschen. Die Kartoffeln zufügen und alles mit der Gemüsebrühe auffüllen. Das Lorbeerblatt in den Topf geben und die Suppe etwa 25 Minuten köcheln lassen.

- Währenddessen Spitzkohl und Schwarzkohl in fingerbreite Stücke schneiden und in den letzten 10 Minuten zugeben und mitkochen. Die Kichererbsen zufügen und die Suppe mit Salz, Piment d'Espelette und Olivenöl abschmecken.

Vorbereitungszeit: 30 Minuten – Zubereitungszeit: 40–50 Minuten
Für 2 Personen

ZIMTPUDDING MIT GEBACKENEN BRATAPFELSCHEIBEN

Für den Zimtpudding

- 320 ml Milch
- 25 g Speisestärke
- 100 g Sahne
- 30 g Zucker
- 1 Zimtstange oder ½ TL gemahlener Zimt
- 1 EL Pistazienkerne

Für die Bratapfelscheiben

- 30 g Rosinen
- 2–3 EL Calvados, Rum oder Apfelsaft
- 2 Äpfel, z. B. Topaz oder Elstar
- ½ Zitrone
- 20 g Marzipan
- ¼ TL Zimt
- 2 EL Puderzucker
- 20 g gehobelte Mandeln

Zubereitung

- Für den Zimtpudding 50 ml von der Milch abmessen und in einer Schüssel mit der Speisestärke glatt rühren. Mit restlicher Milch, Sahne, Zucker und Zimt verrühren und in einem Topf unter ständigem Rühren vorsichtig erhitzen.

- Sobald die Masse anfängt, sämig zu werden, den Topf vom Herd nehmen und die Zimtstange, falls verwendet, entsorgen. Die Masse mit einem Teigschaber aus dem Topf in Schälchen oder Gläser geben und etwa 2 Stunden im Kühlschrank fest werden lassen. Die Pistazienkerne fein hacken und über den Pudding streuen.

- Für die Bratapfelscheiben die Rosinen in Calvados, Rum oder Apfelsaft einige Minuten einweichen. Den Backofen auf 160 °C (Umluft) vorheizen und ein Backblech mit Backpapier belegen. Die Äpfel in etwa 3 mm dicke Scheiben schneiden und auf das vorbereitete Backblech legen. Die Zitrone auspressen und die Apfelscheiben mit dem Zitronensaft beträufeln. Das Marzipan in kleine Stücke zupfen und darüber verteilen.

- Die eingelegten Rosinen samt Marinade über die Äpfel träufeln. Mit gemahlenem Zimt und Puderzucker bestäuben. Die Mandeln darüberstreuen. Im vorgeheizten Backofen etwa 20 Minuten goldgelb backen und am besten warm zum Pudding servieren.

Vorbereitungszeit: 30 Minuten – Zubereitungszeit: 20 Minuten – Ruhezeit: 2 Stunden
Für 4 Personen als Dessert

SCHOKO-ORANGEN-TARTE

Zutaten

- 6 Eier
- 250 g Zucker
- 1 Bioorange
- 150 g Butter
- 190 g Zartbitterkuvertüre (70 % Kakaoanteil)
- 80 g Mehl
- 1 EL Kakaopulver
- 200 g Sahne

Zubereitung

- Den Backofen auf 140 °C (Umluft) vorheizen. Eier und Zucker mit dem Schneebesen, in der Küchenmaschine oder mit dem Handrührgerät etwa 10 Minuten schaumig schlagen. Die Schale der Orange sehr fein abreiben und die Orange auspressen. Saft und Schale unterrühren.

- Währenddessen die Butter zusammen mit der Kuvertüre über dem Wasserbad schmelzen. Etwas abkühlen lassen und mit dem Schneebesen unter die schaumige Eimasse rühren. Das Mehl einsieben und unterheben.

- Den Teig in eine Tarte- oder Kuchenform füllen und im vorgeheizten Ofen etwa 40 Minuten backen. Die Tarte auskühlen lassen und mit dem Kakaopulver bestreuen. Die Sahne cremig steif schlagen und unbedingt dazu servieren.

Vorbereitungszeit: 25 Minuten – Zubereitungszeit: 40 Minuten
Für 1 Tarte (24 cm ø)

BANANE MIT SCHOKOLADE UND KARAMELLSAUCE

Für die Bananen

- 4 reife Biobananen
- 80 g Zartbitterkuvertüre (70 % Kakaoanteil)
- 20 g geröstete Erdnüsse
- Schokoladeneiscreme zum Servieren

Für die Karamellsauce

- 100 g Zucker
- 20 ml Wasser
- 150 g Sahne
- 1 Prise Meersalzflocken

Zubereitung

- Den Backofen auf 140 °C (Ober- und Unterhitze) vorheizen. Die Bananen schälen und die Kuvertüre in kleine Stücke brechen oder schneiden und mittig in die Bananen stecken. Die Bananen in eine Auflaufform setzen und 12 Minuten im vorgeheizten Ofen backen. Die Schokolade sollte schön geschmolzen sein.

- Für die Karamellsauce den Zucker in einem Topf mit dem Wasser karamellisieren. Mit der Sahne ablöschen und zu einer dicklichen Sauce einkochen lassen. Mit den Meersalzflocken bestreuen.

- Die gerösteten Erdnüsse in einem Mörser zerstoßen und über die Bananen streuen. Mit Karamellsauce und Schokoladeneiscreme servieren.

Vorbereitungszeit: 15 Minuten – Zubereitungszeit: 15 Minuten
Für 4 Personen als Dessert

ÜBERBACKENE PFANNKUCHEN MIT QUARK-FÜLLUNG UND APRIKOSENMARMELADE

Für die Pfannkuchen

- 3 Eier
- 250 ml Milch
- 50 g Butter plus etwas mehr zum Einpinseln
- 130 g Mehl
- 1 Prise Salz
- 2 EL Butter oder Öl zum Braten

Für die Füllung

- 1 Ei
- 250 g Rahmquark
- ½ TL Vanillezucker
- 4 EL Aprikosenmarmelade

Für den Guss

- 150 ml Milch
- 1 Ei
- ½ TL Vanillezucker
- 1 EL Puderzucker

Zubereitung

- Für die Pfannkuchen die Eier mit der Milch in einer Schüssel verquirlen. Die Butter in einer Pfanne zerlassen und unterrühren. Mehl und Salz hinzugeben und gut mit dem Schneebesen einarbeiten.

- Butter oder Öl in einer Pfanne auf mittlerer Stufe erhitzen. Eine Kelle Teig in die Pfanne geben, gleichmäßig darin verteilen und von beiden Seiten je etwa 2 Minuten goldgelb backen. Den Backofen auf 180 °C (Umluft) vorheizen.

- Für die Füllung das Ei mit Quark und Vanillezucker glatt rühren. Die Pfannkuchen dick mit der Marmelade bestreichen. Mit dem Quark füllen und einrollen.

- Für den Guss die Milch mit Ei und Vanillezucker sorgfältig verquirlen. Eine Auflaufform mit Butter einpinseln und die gefüllten Pfannkuchen nebeneinander hineinlegen. Den Guss darübergeben und die Pfannkuchen im vorgeheizten Ofen etwa 20 Minuten backen. Mit dem Puderzucker bestäubt servieren.

Vorbereitungszeit: 30 Minuten – Zubereitungszeit: 20 Minuten
Für 4 Personen als Dessert

Zeitgemäß zu kochen, heißt für mich, mit den Jahreszeiten zu gehen. Den Rhythmus der Natur zu respektieren und viel Gemüse zu verarbeiten, das uns das ganze Jahr in den unterschiedlichsten Varianten zur Verfügung steht. Ein weiterer, für mich wichtiger Aspekt ist, schonend zu garen und Zutaten bewusst und wertschätzend zu kombinieren.

Fisch und Fleisch sind im Laufe meiner Arbeit als Koch immer mehr in den Hintergrund gerückt – ein Nachdenken über Nachhaltigkeit und auch das Wissen über gesundheitliche Aspekte haben meinen Blick stark verändert. Ich bin fest davon überzeugt, dass wir die Welt verändern und bewusster mit unseren Ressourcen umgehen müssen. Deshalb kaufe ich fast nur regional, wie zum Beispiel die Forellen und Saiblinge aus dem Schwarzwald von einer Bio-Zucht. Das Fleisch kommt vom Metzger meines Vertrauens, der selbst schlachtet und das Fleisch reifen lässt. Damit fühle ich mich wohl und das kann ich dann auch genießen. Aber trotzdem habe ich das Gemüse zu meinen Hauptdarstellern ernannt und Fisch und Fleisch sind die Beilagen, die ich ab und an ergänze, auf die ich aber auch verzichten kann.

FLEISCH & FISCH ALS UPGRADE

SAIBLINGSFILETS AUS DER PFANNE

Zutaten

- 2 Saiblingsfilets (à ca. 120 g)
- 2 große Prisen Salz
- 1 Prise frisch gemahlener schwarzer Pfeffer
- 20 g Mehl (Type 405)
- 4 EL Sonnenblumenöl
- 15 g Butter
- 1 Bund Petersilie
- Zitronenspalten zum Servieren

Zubereitung

- Die Gräten mit einer Pinzette entfernen. Die Saiblingsfilets beidseitig mit Salz und Pfeffer würzen, die Hautseite in Mehl wenden und das überschüssige Mehl einmal kurz abklopfen. Das Sonnenblumenöl in einer Pfanne auf hoher Stufe erhitzen. Die Filets auf der Hautseite hineinlegen und etwa 2 Minuten knusprig braten. Dann wenden und etwa 1 Minute weiterbraten.

- Die Hitze reduzieren und die Butter dazugeben. Aufschäumen lassen und den Fisch löffelweise damit beträufeln. Die Petersilienblätter von den Stängeln zupfen, fein hacken und in die Butter geben. Den Fisch mit der Petersilienbutter erneut begießen. Zuletzt einige Spritzer Zitronensaft dazugeben, oder eine Zitronenspalte dazu servieren.

Brate die Haut schön knusprig an, ...

dann schmeckt sie ganz wunderbar. Solltest du keine Haut mögen, kannst du sie nach dem Braten entfernen. Wenn du den Fisch mit Haut brätst, bleibt er in der Pfanne schön saftig und trocknet nicht aus.

Passt zu folgenden Gerichten:

Grüner Spargelsalat mit Erdbeeren (Seite 60), Ofenkarotten mit Joghurt-Minze-Sauce (Seite 51), Lauwarmer Bratkartoffelsalat mit Gemüse (Seite 77), Krautfleckerl (Seite 150), Schwarzwurzel-Orangen-Salat (Seite 141).

Vorbereitungszeit: 15 Minuten – Zubereitungszeit: 5 Minuten
Für 4 Personen

HÄHNCHENBRUST ASIATISCH

Zutaten

- 200 g Hähnchenbrustfilet
- 1 TL Speisestärke
- 2 Knoblauchzehen
- 1 Chilischote
- frische Kräuter, z. B. Koriander
- 3 EL Erdnussöl
- 1 TL gehackter Ingwer
- 2–3 EL Fisch- oder Sojasauce

Zubereitung

- Das Fleisch in etwa 1 cm dicke Streifen schneiden und mit der Speisestärke bestäuben. Den Knoblauch schälen und fein hacken. Die Chilischote längs halbieren, die Kerne entfernen und die Hälften in feine Würfel schneiden. Die Kräuter hacken.

- Das Erdnussöl in einer Pfanne oder in einem Wok auf hoher Stufe erhitzen. Das Fleisch hineingeben und unter ständigem Rühren 2–3 Minuten kross anbraten. Knoblauch, Chili und Ingwer zufügen, weitere 1–2 Minuten mitbraten und alles mit der Fisch- oder Sojasauce ablöschen. Kurz umrühren und mit den Kräutern bestreut servieren.

Erdnussöl verträgt sehr hohe Temperaturen.
Damit lässt sich Hähnchen typisch asiatisch kross und saftig anbraten.

Passt zu folgenden Gerichten:
Gebratene Mie-Nudeln mit Mangold (Seite 48), Ofenkarotten mit Joghurt-Minze-Sauce (Seite 51), Gebratener Reis mit Gemüse (Seite 107), Krautsalat Som-Tam-Style (Seite 134), Gebratene Pad-Thai-Nudeln (Seite 149), Linsen-Dal mit Pak Choi (Seite 119).

Vorbereitungszeit: 10 Minuten – Zubereitungszeit: 5 Minuten
Für 2 Personen als Topping

KALBSSCHNITZELCHEN IN ZITRONENSAUCE

Zutaten

- 6 Schnitzel aus der Kalbsoberschale (à 80 g)
- 20 g Mehl (Type 405)
- 2 EL Olivenöl
- 50 g Butter
- Saft von 1 Zitrone
- 250 ml Gemüse- oder Fleischbrühe
- ¼ TL Salz
- frisch gemahlener Pfeffer

Zubereitung

- Die Fleischscheiben in einen Gefrierbeutel geben und mit dem Fleischklopfer auf etwa 5 mm Dicke plattieren. Die Schnitzel von beiden Seiten mit Mehl bestäuben.

- Das Olivenöl mit der Butter in einer Pfanne auf mittlerer Stufe erhitzen, bis die Butter zerlassen, aber noch nicht braun ist. Nun das Fleisch von jeder Seite etwa 1 Minute scharf anbraten, dann herausnehmen und beiseitestellen.

- Den Zitronensaft angießen und fast komplett einkochen lassen. Dann die Brühe zugießen und alles etwa 5 Minuten zu einer sämigen Sauce einköcheln lassen. Die Schnitzelchen mit Salz und Pfeffer würzen, in die Sauce legen und nochmals für 2 Minuten sanft durchwärmen.

Um dem Gericht eine feinere Note zu verleihen, …

kannst du etwas weniger Zitronensaft zugeben und stattdessen 2 Esslöffel Weißwein zugießen. Oder du ersetzt den Zitronensaft komplett durch 100 ml Weißwein.

Passt zu folgenden Gerichten:

Sommerliches Ofengemüse mit Kräuterpesto (Seite 86), Cremige Polenta mit Sommergemüse und Kräuterpesto (Seite 81), Kartoffelgratin (Seite 108), Süßkartoffelpüree mit glasierten Birnen (Seite 103).

Vorbereitungszeit: 15 Minuten – Zubereitungszeit: 10 Minuten
Für 4 Personen

LACHSFILET AUS DEM OFEN

Zutaten

- 1–2 Knoblauchzehen
- 3 EL Olivenöl
- 1 Biozitrone
- ¼ TL Meersalzflocken, optional geräuchert
- 5 Lachsfilets (à 100 g)

Zubereitung

- Den Backofen auf 140 °C (Umluft) vorheizen. Den Knoblauch schälen und fein hacken oder pressen. Das Olivenöl mit dem Knoblauch verrühren. Die Schale der Zitrone fein abreiben. Etwas Zitronensaft auspressen und mit der Schale und dem Salz unter das Olivenöl mischen.

- Die Lachsfilets von beiden Seiten mit der Marinade einpinseln und in eine Auflaufform geben. Im vorgeheizten Backofen etwa 12 Minuten garen.

Passt zu folgenden Gerichten:

Spaghetti mit Spargel und Cherrytomaten (Seite 63), Süßkartoffelpüree mit glasierten Birnen (Seite 103), Blumenkohl vom Blech mit Tahini-Sauce (Seite 104), Kürbisrisotto mit Chili-Öl (Seite 111).

Vorbereitungszeit: 15 Minuten – Zubereitungszeit: 15 Minuten
Für 4 Personen

CEVICHE VON DER FORELLE

Zutaten

- 200 g Forellenfilet
- 1 Zitrone
- 1 große Prise Salz
- 1 TL Zucker
- 1 TL fein geriebener Ingwer
- 2–3 EL Olivenöl
- 2 Lauchzwiebeln
- frischer Koriander

Zubereitung

- Die Forelle von Gräten und Haut befreien und in 3 mm dicke Scheiben schneiden. Die Zitrone auspressen und den Saft mit Salz und Zucker verrühren. Etwas durchziehen lassen. Den Ingwer dazugeben. Zuletzt das Olivenöl einrühren und den Fisch bei Raumtemperatur 5 Minuten in der Marinade ziehen lassen.

- Kurz vor dem Servieren die Lauchzwiebeln putzen und in feine Ringe schneiden, die Korianderblätter hacken. Den Fisch damit bestreuen.

Passt zu folgenden Gerichten:

Tatar von Roter und Gelber Bete mit Misomayo (Seite 133), Schwarzwurzel-Orangen-Salat (Seite 141), Grüner Spargelsalat mit Erdbeeren (Seite 60).

Vorbereitungszeit: 15 Minuten – Zubereitungszeit: 5 Minuten
Für 2 Personen

RUMPSTEAK KLASSISCH

Zutaten

- 1 Rindersteak (250 g)
- 4 EL Sonnenblumenöl
- 2–3 Zweige Rosmarin
- 2–3 Zweige Thymian
- 1 Knoblauchzehe oder mehr (optional)
- 120 g Butter
- 1 große Prise frisch gemahlener schwarzer Pfeffer
- je 1 große Prise Salz und Meersalzflocken

Zubereitung

- Das Steak sollte mindestens 30 Minuten vor dem Braten aus dem Kühlschrank genommen werden, damit es Zimmertemperatur annimmt.

- Den Backofen auf 80 °C (Umluft) vorheizen. Das Öl in einer Pfanne auf hoher Stufe erhitzen. Sollte das Steak eine Fettschicht haben, diese zuerst am Pfannenrand etwa 2 Minuten kross und goldbraun braten. Dabei das Fleisch am Rand der Pfanne anlehnen oder mit einer Bratpinzette halten. Dann das Steak flach in die Pfanne legen und von jeder Seite gut 2 Minuten braten.

- Währenddessen die Kräuterzweige dazulegen. Den Knoblauch mit Schale mit dem Messer andrücken und ebenso mitbraten.

- Das Fleisch mit Kräutern und Knoblauch aus der Pfanne nehmen und auf ein Gitter oder einen Teller setzen und im vorgeheizten Backofen 15 Minuten medium garen.

- Die Butter in der Pfanne zerlassen und das Steak von jeder Seite 1 Minute nachbraten. Währenddessen mit der Butter begießen. Das Steak vor dem Servieren mit Meersalzflocken und Pfeffer würzen.

Manchmal …

darf es ein richtig gutes Steak sein. Die Zubereitung ist so simpel, wenn die Qualität des Fleisches stimmt. Ich bevorzuge Fleisch von glücklichen Tieren aus der Region, das 3–5 Wochen abgehangen ist. Frag deinen Metzger nach seiner besten Qualität und die Zubereitung wird dir gelingen.

Passt zu folgenden Gerichten:

Lauwarmer Bratkartoffelsalat mit Gemüse (Seite 77), Bunter Linsensalat mit Schafskäse (Seite 73), Käsespätzle (Seite 137), Knuspriger Topinambur mit Sweet-Chili-Mayonnaise (Seite 146), Cremige Polenta mit Sommergemüse und Kräuterpesto (Seite 81), Sommerliches Ofengemüse mit Kräuterpesto (Seite 86), Kartoffelrösti mit Spiegelei (Seite 56), Kartoffelgratin (Seite 108).

Vorbereitungszeit: 40 Minuten – Zubereitungszeit: 20 Minuten
Für 1 Person

VEGANE BRATENSAUCE

Zutaten

- 200 g Karotten
- 300 g Sellerieknolle
- 150 g Zwiebeln
- 150 g Lauch
- 1 Knoblauchknolle
- 3 EL Sonnenblumenöl
- 2 Zweige Rosmarin
- 2 Zweige Thymian
- 2 EL Tomatenmark
- 1 TL Zucker
- 500 ml veganer Rotwein
- 2,5 l Wasser
- 4 Pfefferkörner
- 3 Lorbeerblätter
- 1 Prise Salz
- 2 EL Sojasauce
- 1 EL vegane Butter
- 10 g Speisestärke (optional)

Zubereitung

- Karotten und Sellerie schälen und in 1 x 1 cm große Würfel schneiden. Die Zwiebeln schälen, halbieren und grob würfeln. Den Lauch waschen und in 1 cm breite Stücke schneiden. Den Knoblauch schälen und andrücken.

- Das Sonnenblumenöl in einem Topf auf hoher Stufe erhitzen und das Gemüse mit Zwiebeln und Knoblauch darin etwa 5 Minuten goldgelb bis braun anrösten. Die Kräuterzweige dazulegen und Tomatenmark mit Zucker für 2 Minuten mitrösten. Mehrmals mit Rotwein ablöschen und diesen komplett einkochen lassen.

- Das Wasser aufgießen, Pfefferkörner und Lorbeerblätter dazugeben und die Sauce etwa 40 Minuten köcheln lassen.

- Das Gemüse durch ein feines Sieb streichen und die Sauce in einem Topf auffangen. Mit Salz, Sojasauce und Butter abschmecken und köcheln lassen, bis die gewünschte Konsistenz erreicht ist. Ggf. mit etwas in Wasser oder Rotwein angerührter Speisestärke andicken.

Passt zu folgenden Gerichten:

Blumenkohl vom Blech mit Tahini-Sauce (Seite 104), Kartoffelrösti mit Spiegelei (Seite 56), Kartoffelgratin (Seite 108), Auberginen aus dem Ofen mit Honig und Johannisbeeren (Seite 89).

Vorbereitungszeit: 30 Minuten – Zubereitungszeit: 70 Minuten
Für 4–6 Personen

WEISSWEINSAUCE

Zutaten

- 2 Schalotten
- 40 g kalte Butter
- 2 EL Olivenöl
- 100 ml Weißwein
- 200 g Sahne
- ¼ TL Salz
- 1 Prise frisch gemahlener weißer Pfeffer

Zubereitung

- Die Schalotten schälen und in feine Würfel schneiden. Die Butter in 1 x 1 cm große Würfel schneiden und kühl stellen.

- Das Olivenöl in einem kleinen Topf auf niedriger Stufe erhitzen und die Schalotten darin langsam glasig schwitzen. Mit dem Weißwein ablöschen und diesen auf die Hälfte reduzieren. Die Sahne zugießen, mit Salz und Pfeffer würzen und etwa 2 Minuten köcheln lassen.

- Die Sauce mit dem Stabmixer pürieren und dabei die Butterwürfel einmixen, sodass ein schöner Schaum entsteht. Die Sauce sollte nun nicht mehr köcheln, da sonst der Schaum zusammenfällt.

Passt zu:

Fisch- und Gemüsegerichten.

Für tolle Variationen …

kann man die Sauce mit Gewürzen wie zum Beispiel Curry oder Paprika verfeinern. Auch mit saisonalen Kräuter schmeckt sie sehr lecker.

Vorbereitungszeit: 15 Minuten – Zubereitungszeit: 20 Minuten
Für 4 Personen

MAISPOULARDENBRUST

Zutaten

- 2 Maispoulardenbrüste
- 1 Prise Salz
- frisch gemahlener Pfeffer
- 20 g Mehl (Type 405)
- 2 EL Sonnenblumenöl
- 20 g Butter
- frische Kräuterzweige, z. B. Rosmarin oder Thymian
- 1 Prise Meersalzflocken

Zubereitung

- Das Fleisch mit Küchenpapier trocken tupfen. Mit Salz und Pfeffer würzen und die Hautseite in Mehl wenden.

- Den Backofen auf 120 °C (Umluft) vorheizen. Das Öl in einer Pfanne auf hoher Stufe erhitzen und das Fleisch darin zunächst auf der Hautseite etwa 2 Minuten darin schön kross anbraten, dann wenden und etwa 1 Minute auf der Fleischseite braten. Anschließend 12–15 Minuten im vorgeheizten Ofen garen.

- Die Butter mit den Kräuterzweigen in der Pfanne erhitzen und aufschäumen lassen. Die Maispoulardenbrüste hineinlegen und etwa 2 Minuten nachgaren. Dabei mit der Butter begießen. Mit Meersalzflocken verfeinern.

Passt zu folgenden Gerichten:

Linsen-Dal mit Pak Choi (Seite 119), Bunter Linsensalat mit Schafskäse (Seite 73), Cremige Polenta mit Sommergemüse und Kräuterpesto (Seite 81), Knuspriger Topinambur mit Sweet-Chili-Mayonnaise (Seite 146), Krautfleckerl (Seite 150), Gebratener Reis mit Gemüse (Seite 107), Blumenkohl vom Blech mit Tahini-Sauce (Seite 104).

Vorbereitungszeit: 10 Minuten – Zubereitungszeit: 15 Minuten
Für 2 Personen

KNUSPRIG GEBRATENER RÄUCHERTOFU

Zutaten
- 200 g Räuchertofu
- 2 Knoblauchzehen
- frische Kräuter, z. B. Koriander
- 3 EL Erdnussöl
- 2 EL Sojasauce

Zubereitung
- Den Tofu in 2–3 mm dünne Scheiben schneiden. Den Knoblauch schälen und fein hacken. Die Kräuter hacken.

- Das Erdnussöl in einer Pfanne oder in einem Wok erhitzen und den Tofu darin unter ständigem Rühren etwa 5 Minuten kross anbraten.

- Den Knoblauch dazugeben und goldgelb mitbraten. Den Tofu mit der Sojasauce beträufeln, kurz umrühren und mit den Kräutern bestreut servieren.

Passt zu folgenden Gerichten:
Gebratene Mie-Nudeln mit Mangold (Seite 48), Ofenkarotten mit Joghurt-Minze-Sauce (Seite 51), Gebratener Reis mit Gemüse (Seite 107), Krautsalat Som-Tam-Style (Seite 134), Gebratene Pad-Thai-Nudeln (Seite 149), Linsen-Dal mit Pak Choi (Seite 119), Gebratener Reis mit Gemüse (Seite 107).

Vorbereitungszeit: 10 Minuten – Zubereitungszeit: 5 Minuten
Für 2 Personen

MEIN ALLTAG

UNTERWEGS ZWISCHEN KULINARIK UND KINDERN

Meine Welt ist bunt – so bunt wie sie nur sein kann zwischen Kochschule, eigenem Laden und einer großen Patchworkfamilie. Quirlig, fordernd, inspirierend, manchmal anstrengend, aber immer lebendig und für mich der Grund, jeden Tag alles zu geben. Denn das ist mein Leben und ich bin dankbar für all seine Facetten, die mich sowohl voranbringen als auch fordern und durch die ich wachsen kann.

Als gelernter Koch ist die Küche mein »heiliger« Ort, an dem Zeit und Raum keine Rolle mehr spielen, wenn ich im Flow bin, und wo das Einfache erhaben und das Alltägliche außergewöhnlich wird. Kochen ist nicht nur Nahrungszubereitung, es ist wie Poesie. Wie eine Geschichte, die man erzählt von Menschen, von Ländern und von Erinnerungen. Zwischen dampfenden Töpfen und zischenden Pfannen fühle ich mich einfach wohl und das ist der Grund, warum ich meine Kreativität am besten in meinen Gerichten ausdrücken kann.

Als ich mich 2010 dafür entschied, eine Kochschule zu eröffnen, war einer der Gründe, dass es mir Freude macht, mit anderen zu teilen, was mir Energie gibt. Ich mag diesen Spirit, wenn Menschen zusammenkommen und gemeinsam genießen, wenn ich sie für gute Produkte und ihre Zubereitung begeistern kann. Anscheinend sehen das meine Gäste ähnlich, denn ich habe Teilnehmer, die mich schon seit Jahren begleiten und immer wieder kommen. Ob alt oder jung, Singles oder Paare, es sind einfach Menschen, die mit Freude dabei sind und ihre Zeit gern mit so etwas Schönem wie dem Zubereiten von Essen verbringen. Mich macht das glücklich.

Die Entscheidung, meiner Kochschule das Social-Dining-Konzept »Sanuk« zur Seite zu stellen, entstand aus dem tiefen Wunsch, ganz für mich allein zu kochen. Vollkommen fokussiert auf den kreativen Prozess des geschmacklichen Entstehens zu sein, und dann meinen Gästen zu servieren, was ich mir in diesem Freiraum ausgedacht habe. Im Rahmen des Social-Dinings koche ich mit meinem Team zusammen sehr konzentriert in meiner Kochschule, getrennt von den Gästen, die sich von unserem Serviceteam im Esszimmer umsorgt fühlen können und einfach nur genießen dürfen. »Sanuk« ist meine Antwort auf die immer wiederkehrende Frage, warum ich kein eigenes Restaurant betreibe, denn der Ursprung des Begriffs liegt im Buddhismus und bedeutet so viel wie »Spaß haben und den Moment erleben«.

Das monatlich wechselnde exklusive 4-Gänge-Menü inklusive Amuse-Bouche bereiten mein Team und ich mit saisonal verfügbaren Grundprodukten aus der Region zu und ergänzen die-

se mit kreativen Einflüssen aus der ganzen Welt. Im Gegensatz zu einem klassischen Restaurant mit vielen Tischen, nehmen meine Gäste an drei großen Tischen zu je acht Personen Platz. Damit bringe ich Menschen, die sich zuvor nicht kannten, zusammen und es entstehen immer tolle Gespräche. Für die große positive Resonanz meiner Gäste bin ich sehr dankbar.

Und natürlich bin ich dankbar, mit meiner Frau Jana meinen Partner in Crime gefunden zu haben. Sie ist maßgeblich für unseren Laden »Küchengeschichten« verantwortlich. Sie besitzt den Blick fürs Schöne, für Farben und für wunderschöne Küchenhelfer (von Töpfen, über Messer bis hin zu besonderem Geschirr und ungewöhnlichen Deko-Artikeln). Ihr Gespür für Interior macht unser Geschäft mitten in der historischen Freiburger Innenstadt zum Anziehungspunkt für Hobbyköche und Genussmenschen. Hier findet man zudem jede Menge hochwertige Zutaten, unter anderem auch die ganze Palette meiner eigenen Produktwelt, aber auch viele spannende Kreationen, die wir persönlich testen. Jana ist die liebevolle Kuratorin und so ist unsere kulinarische Welt seit 2021 noch ein bisschen reicher geworden.

Und sonst so? Meine Familie ist mein Hafen. Meine Rolle als Vater ist eine große und wunderschöne Aufgabe. Als Patchwork-Vater mit fünf Kindern unterschiedlichen Alters – vom Kita-Kind bis zum fast erwachsenen Teenager – erlebe ich jeden Tag neu. Luise, Lynn, Noé, Fiete und Frieda sind gemeinsam mit meiner Frau Jana mein Antrieb. Wenn ich nicht in der Kochschule oder in der Stadt unterwegs bin, dann bin ich mit ihnen zusammen. Manchmal geht es etwas wild zu und auch mein Kochbuch ist so entstanden, wie man sich als Familienvater manchmal positionieren muss – hockend zwischen Holzspielzeug und Rennautos im Kinderzimmer von Fiete. Oder zwischen Tür und Angel, zwischen Kartoffeln schälen, Hausaufgaben machen und Bestelllisten checken. Unser großer Esstisch ist das Zentrum unseres Zuhauses, Schaltzentrale, Familientreffpunkt, Schreibtisch und Ort für all die vielen Gespräche mit Freunden, genussvolle Abende, Diskussionen, Welt aus den Angeln heben, Lachen, Spaß haben und Ideen entwickeln.

MEIN DANK

So ein Buch entsteht nicht von alleine, also nicht nur allein durch mich. Deswegen bin ich vielen Menschen unglaublich dankbar, dass dieses Buch entstanden und genau so geworden ist, wie es jetzt vor dir liegt.

Was wäre ein gutes Kochbuch ohne eine sinnliche Foodfotografie? Ohne die unglaublich präzisen und ansprechenden Fotos meiner Gerichte von Joss Andres wäre das Buch nicht, was es ist. Ein Bilderbuch voller Gemüse und Inspiration. Fotografien, die Lust auf Essen und Genuss machen. Ich schätze die Erfahrung und die Professionalität im Foodstyling und der Fotografie von Joss sehr und freue mich, mit so einem großartigen Fotografen zusammenarbeiten zu dürfen.

Meine liebe Frau Jana hat den eigentlichen Grundstein zum Stil des Buches gelegt. Jana hat die Schlichtheit der Fotografie gepusht und dadurch auch mich inspiriert, die Einfachheit meiner Gerichte beizubehalten. Ihr unglaublich gutes Gefühl für Farben und Gestaltung haben das Buch geprägt.

Mein gesamtes Team der Kochschule und des Ladens »Küchengeschichten« hat mich bei der Umsetzung dieses Projekts sehr unterstützt, indem sie selbstständig den Betrieb am Laufen hielten, obwohl sie oft auf mich verzichten mussten. Ich habe das beste Team aller Zeiten.

Meine lieben Kinder, Luise, Lynn, Noé, Fiete und Frieda mussten sich in der Entstehungszeit dieses Buches oft mit den Resten der gekochten Gerichte abfinden, sie waren sozusagen meine Testesser und sie inspirieren mich jeden Tag mit ihren unterschiedlichen Essgewohnheiten.

Natürlich möchte ich auch dem Südwest Verlag, vor allem Susanne Schmutterer und Dr. Harald Kämmerer danken, die mir die Möglichkeit gegeben haben, mich in diesem Buch auszudrücken und zu entwickeln. Das Vertrauen des Verlags schätze ich unglaublich. So ist durch die schöne Zusammenarbeit die *Jahreszeitenküche* entstanden, durch die sich mein Kochstil noch einmal weiterentwickeln konnte.

Schlussendlich ist die Grundidee, ein weiteres Kochbuch entstehen zu lassen, durch die Zusammenarbeit mit meinen beiden Beratern von »The Chefs' Stories« entstanden. Die Begleitung durch Antonia Wien und Lars Ammer auf meinem Weg als Koch und Unternehmer, Autor, Entertainer und letztlich auch als Marke, ist für mich sehr bedeutend und wegweisend.

Antonia als Co-Autorin dieses Buches hat dank ihrer zahlreichen Besuche in der Kochschule, bei uns zu Hause, in Interviews, bei gemeinsamen Essen und Gesprächen meine sensible Gefühls- und Geschmackswelt rund um Lebensmittel und das Kochen, meinen Traumberuf, den ich immer verfolgt habe und durch den ich mein Leben in Freiburg verwirklicht habe, so unglaublich gut eingefangen und in Worte gefasst. Einfach so, wie ich es fühle.

Nun aber noch der größte Dank: und der geht an dich. Ja genau! Danke fürs Lesen meines Buches und für dein Vertrauen. Dankbarkeit ist eines der schönsten Dinge im Leben.

Dein

REGISTER

VITAE

Ben Kindler

Nach über 10 Jahren in der Sterneküche leitet Ben Kindler seit 2010 eine Kochschule in Freiburg. Dort kommen nur die besten Produkte in den Topf und das heißt für den Koch vor allem regional und saisonal, wann immer möglich aus ökologischem Anbau. Gemüse und Wein von befreundeten Bauern und Winzern, das Brot aus der Lieblingsbäckerei, den Fisch vom Fischhändler des Vertrauens, Fleisch vom besten Metzger der Region: Der direkte Kontakt zu seinen Lieferanten und Erzeugern und der genaue Blick hinter die Kulissen der Bauernhöfe ist Ben Kindler wichtig. Er ist Autor dreier Kochbücher und schreibt regelmäßig Rezepte für Food-Magazine.

Antonia Wien

Antonia Wien, geboren 1976, ist als Tochter einer Restaurantkritikerin mit dem Thema Food aufgewachsen. Die studierte Literatur- und Musikwissenschaftlerin ist immer auf der Suche nach dem perfekten Genuss, kocht selber leidenschaftlich gerne, liebt gutes Essen und schreibt seit über 20 Jahren darüber. Sieben Jahre hat sie als Verlegerin einen eigenen Restaurantführer für Hamburg herausgebracht (*Hamburg Genießen von 7 bis 7*), schreibt seit 1998 als freie Food-Journalistin und Autorin Kolumnen, Restaurantkritiken und Reiseberichte, seit 2016 regelmäßig für *DER FEINSCHMECKER, FOODIE* oder *GOURMET TRAVELLER*. Sie lebt und arbeitet südlich von Hamburg.

Joss Andres

Joss Andres weckt mit seinen Foodfotografien die Vorfreude auf kulinarische Genüsse und lockt damit in die Küche. Seit vielen Jahren fotografiert und filmt er mit viel Leidenschaft und Liebe zum Detail die Gerichte bekannter Köche. Er ist auf Film und Fotografie für zeitgemäße Medienformate spezialisiert und setzt Auftragsarbeiten mit höchstem Anspruch an Professionalität und Präzision um. Seit 2013 ist er im eigenen Studio südlich von Freiburg selbstständig. Produktionen und Publikationen für Verlage und Magazine sowie die gehobene Hotellerie und Gastronomie machen dabei einen besonderen Schwerpunkt seiner Arbeit aus.

IMPRESSUM

Hinweis: Die Ratschläge/Informationen in diesem Buch sind von Autor*innen und Verlag sorgfältig erwogen und geprüft, dennoch kann eine Garantie nicht übernommen werden. Eine Haftung der Autor*innen beziehungsweise des Verlags und seiner Beauftragten für Personen-, Sach- und Vermögensschäden ist ausgeschlossen.

Gender-Hinweis: Aus Gründen der besseren Lesbarkeit wird in diesem Werk an manchen Stellen auf die gleichzeitige Verwendung der Sprachformen männlich, weiblich und divers (m/w/d) verzichtet. Sämtliche Personenbezeichnungen und personenbezogenen Hauptwörter gelten gleichermaßen für alle Geschlechter. Die verkürzte Sprachform beinhaltet keine Wertung, sondern hat lediglich redaktionelle Gründe.

Bildnachweis: Sämtliche Fotos sind von Joss Andres
Projektleitung: Susanne Schmutterer
Textbegleitung und Koordination: Antonia Wien
Projektinitiative: The Chefs'Stories GmbH, Hamburg
Cover, Layout, DTP, Satz: OH, JA!, München
Textredaktion: Antje Seidel, trans texas publishing services GmbH, Köln
Korrektorat: Dr. Katharina Pöhls, Köln
Herstellung: Monika Weiher
Reproduktion: Mohn Media Mohndruck GmbH, Gütersloh
Druck und Bindung: DZS GRAFIK, d.o.o., Ljubljana
Printed in Slovenia

Penguin Random House Verlagsgruppe FSC® N001967
ISBN: 978-3-517-10312-9
www.suedwest-verlag.de